Pierre-Gervais Majeau

Paroles et Paraboles du Royaume

Pierre-Gervais Majeau

Paroles et Paraboles du Royaume

Rendre visible le Royaume

Éditions Croix du Salut

Impressum / Mentions légales
Bibliografische Information der Deutschen Nationalbibliothek: Die Deutsche Nationalbibliothek verzeichnet diese Publikation in der Deutschen Nationalbibliografie; detaillierte bibliografische Daten sind im Internet über http://dnb.d-nb.de abrufbar.
Alle in diesem Buch genannten Marken und Produktnamen unterliegen warenzeichen-, marken- oder patentrechtlichem Schutz bzw. sind Warenzeichen oder eingetragene Warenzeichen der jeweiligen Inhaber. Die Wiedergabe von Marken, Produktnamen, Gebrauchsnamen, Handelsnamen, Warenbezeichnungen u.s.w. in diesem Werk berechtigt auch ohne besondere Kennzeichnung nicht zu der Annahme, dass solche Namen im Sinne der Warenzeichen- und Markenschutzgesetzgebung als frei zu betrachten wären und daher von jedermann benutzt werden dürften.

Information bibliographique publiée par la Deutsche Nationalbibliothek: La Deutsche Nationalbibliothek inscrit cette publication à la Deutsche Nationalbibliografie; des données bibliographiques détaillées sont disponibles sur internet à l'adresse http://dnb.d-nb.de.
Toutes marques et noms de produits mentionnés dans ce livre demeurent sous la protection des marques, des marques déposées et des brevets, et sont des marques ou des marques déposées de leurs détenteurs respectifs. L'utilisation des marques, noms de produits, noms communs, noms commerciaux, descriptions de produits, etc, même sans qu'ils soient mentionnés de façon particulière dans ce livre ne signifie en aucune façon que ces noms peuvent être utilisés sans restriction à l'égard de la législation pour la protection des marques et des marques déposées et pourraient donc être utilisés par quiconque.

Coverbild / Photo de couverture: www.ingimage.com

Verlag / Editeur:
Éditions Croix du Salut
ist ein Imprint der / est une marque déposée de
OmniScriptum GmbH & Co. KG
Heinrich-Böcking-Str. 6-8, 66121 Saarbrücken, Deutschland / Allemagne
Email: info@editions-croix.com

Herstellung: siehe letzte Seite /
Impression: voir la dernière page
ISBN: 978-3-8416-9899-5

Copyright / Droit d'auteur © 2014 OmniScriptum GmbH & Co. KG
Alle Rechte vorbehalten. / Tous droits réservés. Saarbrücken 2014

PAROLES ET PARABOLES DU ROYAUME

Rendre visible ce Royaume

En guise de préface…

Avec ce troisième tome, s'achève maintenant notre réflexion théologique et philosophique. Nous avons voulu par des textes et des paraboles apporter une vision théologique du monde et du salut. Nous ne rendrons jamais assez hommage au théologien François Varone qui nous a guidé au long de notre réflexion.

Nous avons voulu rendre plus disponible les grandes intuitions théologique de cet auteur. Nous nous sommes inspirés de grands maîtres pour puiser chez eux une inspiration pour réactualiser des fables et des contes philosophiques afin de rendre actuelle cette richesse culturelle toujours actuelle. Leur pensée symbolique nous semble encore tellement porteuse de sens et de leçons.

Notre projet voulait rendre plus visible encore ce Royaume qui prend place au sein de cette humanité aimée et promise aux gloires de ce Dieu-Père en amour avec elle.

LE CIEL MAINTENANT? MAIS POURQUOI PAS!

En général, nous sommes bien discrets sur nos attentes face au paradis, au ciel. On est gêné d'en parler nous les chrétiens alors que d'autres croyants sont beaucoup plus explicites dans leur foi face à l'au-delà. Un auteur français, Fabrice Hadjadj, vient de publier un livre qui s'intitule justement *LE PARADIS À LA PORTE*. Dans son ouvrage, ce poète philosophe soutient la thèse suivante CHANGER SON REGARD SUR L'ICI-BAS POUR RETROUVER CONTACT AVEC L'AU-DELÀ! Je trouve son idée tout à fait merveilleuse. Pour démontrer sa thèse, il nous propose sept pistes pour goûter déjà au fil des jours, la béatitude éternelle. À bien y penser, la frontière entre l'ici-bas et l'au-delà est sans doute moins étanche qu'il n'y paraît. Changer son regard sur l'ici-bas, c'est exigeant : il s'agit de considérer sa vie dans toutes ses dimensions, celles du temps présent et celles du temps à venir où nous continuerons notre vie à travers une transformation spirituelle de notre personne. Il importe donc de changer notre vision de la vie pour vivre intensément toutes les dimensions de notre être. Changer sa vision de la personne, des saisons de sa vie. Comme dit le proverbe suivant : *Ce n'est pas en peinturant la champlure que l'on purifie l'eau*, ce n'est pas en changeant les aspects superficiels de sa philosophie de vie que l'on change profondément sa vision de vie et sa pratique!

Première piste : placer haut la barre de notre désir. Avoir en perspectives le Ciel, l'au-delà, c'est avoir comme mesure de bonheur, non pas son rêve à sa propre mesure, mais avoir un rêve qui nous dépasse, qui ait les dimensions que Dieu dessine pour nous. Regarder la mesure de son rêve avec le regard de Dieu pour creuser ce désir de la plénitude de Dieu. Creuser en effet son désir de vie! Ne pas s'arrêter aux réalités matérielles mais laisser notre désir de plénitude nous provoquer au dépassement tout en gardant les pieds bien sur terre. Les pieds sur terre, le rêve dans l'au-delà quoi!

Deuxième piste : s'émerveiller ici et maintenant devant la vie : Fabrice Hadjadj affirme que l'en haut se fabrique avec ce qu'il y a ici-bas. En ce cas, ne pas s'arrêter aux joies de la vie mais aller surtout rejoindre leur source. La source, c'est Dieu! Vivre intensément les bonheurs de la vie tout en allant explorer l'arrière-pays d'où ces bonheurs tirent leur origine. L'auteur rappelle que la terrible banalité du quotidien doit se changer en éblouissant miracle, car dans la vie tout est don et rien n'est dû!

Troisième piste : se contraindre à l'espérance. Si je traverse un malheur, un deuil, un grand chagrin, je suis alors happé par le désespoir, la dépression, le doute. C'est la tentation de la fuite dans le néant. Il faut du courage alors pour me contraindre à l'espérance. Car l'espérance est une souffrance. En effet, l'espérance me force à quitter ma nuit noire pour me permettre d'accueillir le travail que fait le Paradis en moi. La vision de l'au-delà donnera à ce drame de l'ici-bas la consolation nécessaire pour que je me charge de ma croix afin de la transformer en tremplin vers la plénitude. La vraie sagesse ne consiste pas à espérer que Dieu me décharge de tout, mais de trouver par ma foi et par la puissance de la vertu de l'espérance, la capacité de transformer mes temps de morts en temps de relèvement.

Quatrième piste : arrêter de bouder. Arrêter d'auto-justifier ses névroses en se dépossédant de toute complaisance envers toute morosité. En effet, la tentation de la victimisation, la gentille esthétique de la dérélicition pour employer le mot de l'auteur, ce sont là des chemins sans issue, des résistances aux assauts de la joie. Que de combats inutiles et inféconds pour résister en effet aux assauts de la joie qui me permettraient de rebondir par les forces de l'espérance, sur de possibles dépassements!

Cinquième piste : s'abandonner sans résistance. Pour reprendre les mots de Fabrice Hadjadj, le Paradis n'est pas quelque chose que l'on construit par la force du poignet, il se ressent dans un abandon! La joie ressentie vient de cette distillation du Ciel en nous par ce contact avec Celui qui se dit Chemin de Vie, le Christ. Plonger en Lui tout en vivant l'abandon : une piste de grande sagesse.

Sixième piste : se montrer disponible au don. Notre pire ennemi pour savourer le grand bonheur loge en nous et il porte le nom suivant : ORGUEIL. En effet, il nous pousse à l'autosuffisance, à ne compter que sur nos propres forces et à se satisfaire de ses propres limites. L'enfer est rempli de gens satisfaits d'eux-mêmes! Le Ciel est cependant le rassemblement des personnes déchirées par la Grâce. Après avoir ressenti les terribles limites de la précarité de l'ici-bas, nous serons ouverts à la grâce venue de l'en haut et nous serons en mesure de découvrir que Dieu veut faire mourir en nous cet orgueil qui nous pousse à l'autosuffisance pour faire déborder en nous la vie de notre véritable égo! Après avoir éprouvé notre précarité, nous serons disponibles à la grâce.

Septième piste : vivre le salut ensemble, en chœur. Nous ne sommes pas appelés au Salut en solitaire, c est ensemble que nous nous accompagnons sur ce rude chemin vers la plénitude. Nous sommes faits pour être sauvés en chœur! Pour y arriver, il s'agit de rejeter toute jalousie et toute mesquinerie pour vivre la douceur du pardon. Le triomphe de la joie ne réside pas dans la domination mais dans la communion de tous avec chacun. Au Ciel nous serons en mesure de vivre en communion non seulement avec les personnes qui nous sont chères mais également avec les personnes les plus antipathiques. Raison de plus de commencer à les aimer maintenant pour aller plus loin sur ces routes menant de l'ici-bas, de l'en bas vers l'au-delà, vers l'en haut!

En terminant, rappelons-nous que le Paradis est à la porte selon Fabrice Hadjadj, il est la raison de notre joie qui dérange, qui étonne, qui questionne mais surtout qui révèle une espérance à la source de notre amour pour notre monde. Si nous vivions davantage dans cette optique de l'au-delà, notre ici-bas en serait déjà teinté. *LE PARADIS À LA PORTE*, un livre de Fabrice Hadjadj publié au Seuil. Bonne lecture!

RÉSURRECTION: MAIS POUR QUEL CORPS?

Comme chrétiens, nous devons toujours être prêts à rendre compte de notre espérance. Nous devons le faire en termes audibles pour les gens d'ici et de maintenant. De plus, pour être fidèles au message révélé, nous devons nous libérer d'une conception dualiste de l'homme vu comme un composé d'une âme et d'un corps, conception plutôt tributaire de la pensée grecque et occidentale globalement. Il est urgent aussi de nous libérer d'une conception matérialisante de la résurrection. Ressusciter ce n'est pas redevenir comme avant mais c'est continuer comme après. Nous allons tenter d'apporter en 15 points la pensée lumineuse du théologien François Varone au sujet de la résurrection à l'aide de son livre *CE DIEU JUGE QUI NOUS ATTEND.* (Cerf, 1993).

1) Si nous considérons l'être humain comme un être composé d'un corps et d'une âme, la mort devient donc la destruction de l'union du corps et de l'âme. Selon cette conception de l'être humain, le salut après la mort est le propre de l'âme jugée et acceptée dans la vision béatifique et l'autre partie de l'être humain est en attente de la résurrection finale vue comme la restauration du corps physique. Cette conception de la résurrection est absente dans le Nouveau Testament.

2) Il est plus heureux de considérer l'être humain comme composé de l'Âme et de la Matière qui ensemble constituent le corps de l'homme. L'Âme fait donc partie du corps dont elle est la structure intérieure et informatrice.

3) L'Âme ne préexiste donc pas au corps venant à lui comme d'un dépôt divin. Elle ne vient pas au corps pour être soit punie, soit mise à l'épreuve dans le corps en vue de mériter un salut. Cette vision des choses ouvre la porte à l'hypothèse de la réincarnation, hypothèse aux antipodes de la foi chrétienne.

4) L'être humain, c'est son corps, matière structurée et informée par l'âme. À la mort, le corps est privé de son Moi intérieur (Âme) et il redevient simple matière. L'état de presque néant où se trouve le Moi, par le fait de la mort, constitue une contradiction métaphysique qui en appelle à un état ultérieur, à une solution de cette contradiction. Le Moi (l'âme ou le principe informant et structurant) ne saurait rester dans cet état intermédiaire qui tient à la fois de l'existence et de la non-existence.

5) La mort est la fin du corps par rupture de la composition Moi et Matière. La Matière n'étant plus structurée par le Moi, va vers son propre chemin de désorganisation. Le Moi, dans la mesure où il transcende la matière, survit à la rupture de la mort. Mais dans la mesure où n'étant pas et n'ayant jamais été un pur esprit, le moi ne peut exister activement qu'à travers la matière qu'il structure, la mort l'enferme totalement sur lui-même.

6) La mort n'ouvre au Moi ni le néant ni la libération mais une sorte d'état de coma métaphysique, en soi irréversible.

7) Le Moi (siège de la conscience ou de l'âme) est spirituel, donc immortel, il perdure comme Moi unique où culmine l'évolution et tel qu'il est modelé par son histoire mais il est privé du corps dont il était l'intériorité structurante et par lequel il était en relation avec le monde, il est comme non-existent, il dort... Voilà jusqu'où peut aller la réflexion philosophique sur la mort et ses suites. Laissons donc la parole à la Révélation maintenant.

8) Dieu, perçu comme Englobance ou Providence, ne peut laisser dans cet état l'homme, cet existant *ne-presque-plus exister* (coma), à cause de sa fidélité bienveillante. Il se fait le PASSEUR vers l'au-delà des Moi réveillés, libérés de leur enfermement, de leur coma irréversible, de leur condition de non-existence.

9) La Révélation viendra nous apprendre que la résurrection, c'est la victoire sur la mort grâce à la Puissance de Dieu, c'est l'accès à la réalisation parfaite du désir humain de plénitude, puisque le Christ, l'Homme nouveau, y devient parfait et Seigneur et par le fait même, il devient l'ainé d'une multitude de transformés, de ressuscités. . Le désir du fils d'homme de devenir fils de Dieu y est pleinement réalisé.

10) Dieu n'est pas le Dieu des morts mais bien le Dieu des vivants : pour Lui tous les morts sont des vivants. Entre le monde de la mort et celui de la résurrection, la CONTINUITÉ est d'ordre personnel et existentiel entre le corps psychique ou terrestre et corruptible et le corps spirituel ou incorruptible.

11) Mais il y a rupture ou DISCONTINUITÉ matérielle entre ces deux corps (Cf 1 Co.15, 35-58). Pour exprimer le contenu de la résurrection, l'apôtre Paul utilise le terme de CORPS SPIRITUEL. Le corps devient donc en ce cas pour Paul synonyme de PERSONNE. Pour Paul, la résurrection est donc la transformation spirituelle de la personne.

12) Par la résurrection, le corps spirituel – la personne (comme lieu de relation et de passion) devient un Moi divinisé, établi dans la proximité de Dieu, pleinement identifié à l'Image de Dieu, le Christ, dans l'acquisition de la filiation divine (1 Co.15,28) Dans l'événement de la résurrection il y a donc une transformation, passage d'une forme à une forme, mutation spirituelle, identification à l'Image parfaite qu'est le Christ (2 Co. 3,18).

13) S'il y a dans l'événement de la résurrection, désenfermement, relèvement ou réveil, par la fidélité de Dieu – Englobance créatrice, cela ne se fera pas par RECONSTITUTION de la dimension matérielle du Moi car l'évolution ne connait pas de retour en arrière et la Révélation nous parle de destruction de la matière (1Co6, 13). Cela se fera par accueil du Moi dans sa nouvelle structure pleinement spiritualisée qui le libérera de son coma et le remettra en relation, dans une existence

nouvelle. Tout comme le Père a établi Jésus Fils de Dieu en puissance par la Résurrection, il nous établira pareillement dans la même dignité et dans la même gloire. Le Moi, enfermé dans le coma de la mort, reçoit donc de la fidélité paternelle de Dieu, un lieu métaphysique, une relation où il retrouve pleinement son altérité personnelle.

14) Les textes du Nouveau Testament savent très bien que la résurrection implique, comme face négative, la destruction de la dimension matérielle organique, propre aux corps de ce monde-ci (1Co.6, 13) et comme face positive, la construction d'un corps spirituel (ou transformation spirituelle de la personne) qui ne sera pas l'œuvre des hommes (2Co 5,1). Ces textes parlent de la résurrection comme l'action de la puissance de Dieu, l'Esprit-Saint, qui recrée le monde depuis l'événement de la Pâque du Christ. Les récits des apparitions du Ressuscité ne sauraient justifier une conception matérialisante de la résurrection, ces récits ne répondent qu'à des objectifs catéchétiques sur la réalité de la résurrection.

15) La résurrection, amorcée dans les eaux baptismales, se réalisera d'une façon particulière pour chacune des personnes. La résurrection du dernier jour nous rappelle qu'après les résurrections individuelles, l'histoire continue, le ressuscité s'en étant dégagé. Mais il reste lié à ses solidarités humaines. Au sein de l'humanité, tant que Dieu ne sera pas tout en tous, il y aura le temps de la patience qui perdurera jusqu'à ce que se réalise le temps de l'accomplissement où le Christ sera établi comme Seigneur sur toutes choses. Alors le Christ remettra au Père ce Royaume, recréation du monde. Alors, le Moi, la personne, ayant produit dans son histoire des œuvres d'or et de diamant, des œuvres en pierres précieuses (1 Co.3,12) donc des œuvres d'humanisation passera dans la gloire chargé de toutes ses œuvres et le Moi qui aura produit des œuvres de paille, de foin et de bois par une existence égarée et déshumanisante, passera au feu de la destruction, de la distinction des éléments et ce feu brûlera ces œuvres de paille mais le Moi sera sauvé par pure grâce (1Co. 3,12-15) mais sans rien pouvoir garder de ses œuvres.

Une telle vision de ce grand mystère central de notre foi qu'est la résurrection vient nous libérer de toutes tentatives de réduction et de chosification des réalités de la foi et vient surtout nous libérer de beaucoup de malcroyances naïves. Cette conception du grand mystère de la résurrection apporte une vision, une théologie de l'Histoire où chacun de nous constitue un élément essentiel et nécessaire à la gloire de Dieu. Tout en étant respectueux des restes humains (cendres et ossements), nous savons dans la foi, que notre avenir tient davantage d'un désir de Dieu de nous recréer par une transformation spirituelle de notre personne que par la réanimation de nos restes organiques. Décidément, il est grand le mystère de notre foi!

LES PARADOXES DU DÉBAT SUR L'EUTHANASIE

Les Québécois se disent majoritairement favorables à l'euthanasie et en cela ils ressemblent à leurs cousins de France qui se disent à 94% favorables à l'euthanasie. Précisons bien ici ce que nous entendons par EUTHANASIE : provoquer une fin de vie d'une façon active et délibérée. On ne parle pas ici de soins de confort ni de non-acharnement thérapeutique mais d'euthanasie. Évidemment la question est toujours posée à des bien-portants tandis que les grands malades sont somme toute bien rares à demander que nous les aidions à mettre fin à leur vie. Il est tout de même paradoxal que notre société qui prône toutes tentatives pour lutter contre le vieillissement et la mort, qui propose en publicité tous les produits de rajeunissement possibles prône également la fin provoquée de la vie!

Comment expliquer que d'une part nous voulions à tout prix croire à l'amortalité, à la vie la plus durable possible et d'autre part promouvoir une interruption volontaire de vie? Nous n'en sommes pas à un paradoxe près en la matière. C'est comme si notre conscience d'homme postmoderne imbue de rationalité scientifique n'arrivait plus à concevoir et à accepter la précarité et la fragilité de la vie. De plus, en ce siècle de communication, on en vient à oublier que nous existons les uns PAR les autres et que l'individu fragilisé par les diminutions de santé a encore plus besoin de notre présence capable de lui apporter une puissance de vie. Et alors comment concevoir en ce cas que nous soyons à la fois des accompagnateurs capables d'apporter une présence de compassion et de tendresse et des personnes qui favorisent l'interruption volontaire de la vie.

Comment donner du sens à la vie, comment vouloir devenir éternel, comment vivre intensément toutes les étapes de la vie et escamoter et dévaloriser la dernière étape : celle qui fait la vérité de notre vie? Nous ne sommes pas de vieux machins qui entrent au garage en fin de vie pour passer à la casse! Si oui, à quand des mouroirs, des THANATORIUMS où pour quelques centaines de dollars on vous organise une fin de vie idyllique? Et le médecin qui devient alors non plus celui qui assure la santé et la qualité de vie mais celui qui l'achèverait par un travail propre et sans bavures si possible! On passerait ainsi de la vie donnée à la …mort donnée! Et cette mise à mort, renommée euthanasie, serait-elle encadrée juridiquement et rituellement pour paraitre plus compassionnelle donc moins révoltante? Et cette mise à mort ou cet attentat contre la vie d'autrui est-ce plus acceptable dans la condition de fin de vie ou faisant suite à une condamnation pour crime atroce. La mort donnée sera toujours une question de conscience! Une loi qui permettrait la mort donnée à autrui, qui plus est un autrui vulnérable, sera toujours vue comme une loi votée par des politiciens qui voudraient se débarrasser des citoyens les plus lourds et les plus onéreux! Une société peut-elle légaliser une violence institutionnalisée à l'égard des personnes les plus vulnérables?

Peut-on imaginer un tant soit peu les règles qui prévaudraient dans une société où des personnes auraient droit de vie ou de mort sur d'autres personnes surtout des personnes devenues si diminuées qu'elles doivent porter une double condamnation : perte de santé et perte du droit à la vie! Une telle société porterait sur les individus qui la composent un regard d'appréciation basée sur des règles de rentabilité et d'efficacité.

Et dans cette société où la violence est institutionnalisée envers les personnes les plus démunies, les plus fragiles, y aurait-il place encore pour de l'humanité. Une place pour soutenir et accompagner les personnes en fin de vie et qui ont besoin de notre présence et de notre compassion pour s'engendrer à l'autre saison de la vie, la cinquième, celle des accomplissements et des achèvements. Et ces personnes qui ressortent plus vivantes et plus humanisées après avoir accompagné les leurs dans ces situations de fin de vie? Comment ces personnes accompagnantes seraient-elles reconnues dans une société qui valorise les interruptions volontaires de vie : comme des personnes qui marchent à rebours ou des personnes qui ajoutent de l'humanité à notre humanité?

Comment donner place à notre intersubjectivité au sein de notre monde actuel? Comment continuer à vivre les uns PAR les autres dans une telle société? Comment faire en sorte que les personnes puissent faire humanité ensemble en s'accueillant dans tous les temps de la vie : dans les temps de naissances, dans les temps de croissance, dans les temps d'enfantement, dans les temps de famille, dans les temps de travail, dans les temps de maturité, dans les temps de vieillissement et dans les temps de fin de vie? Poser la question de la fin de vie, c'est poser la question de la vie tout court! Si on pense qu'une vie à son crépuscule ne vaut rien, c'est toute la vie alors qui est niée. Toutes les étapes de la vie valent en humanité car il y a de vie là-dedans et rien ne vaut la vie! Donc, intensifions la qualité des soins de longue durée et respectons la conscience de chaque personne dans ses choix concernant les derniers temps de sa vie et surtout accompagnons-nous dans ces temps où nous nous engendrons à la cinquième saison de notre vie : la saison des plénitudes!

VRAIMENT " HEUREUX SANS DIEU ?

L'automne dernier un collectif paraissait au Québec portant sur l'athéisme de ses auteurs. Ce livre a créé une onde de choc et fait beaucoup réagir. J'ajouterai donc moi-aussi mon grain de sel. L'expérience de la foi ou de la non-foi pourrait se décrire à travers tout un spectre de concepts allant de la religion de la peur à la foi évangélique en passant par toute la gamme des approches telles l'athéisme et les malcroyances diverses. Il n'est pas facile de cerner les différentes expériences des croyants d'ici et d'aujourd'hui. Mais la question demeure : Peut-on être heureux sans Dieu? La réponse peut être oui et non. Allons voir!

L'athéisme est souvent perçu comme une réaction aux caricatures de la religion de la peur ou de l'utile, à la religion aliénante. Cette réaction rend service à la foi car elle la provoque à se dire et à se vivre d'une façon encore plus fidèle à l'Évangile. L'athéisme se veut une libération parfois véhémente de toutes religions carburant à la peur, à la violence, à la manipulation et au contrôle. Et c'est tant mieux! L'athéisme est un refus de toute aliénation devant toutes structures ou systèmes religieux qui prétendraient prendre en charge l'homme dans sa quête de sens et de plénitude en gérant ses peurs et en maintenant l'homme dans des binômes clos : loi-péché, culpabilité-peur, rite et expiation, loi-punition, péché-grâce… comme si nous étions condamnés à une marche angoissée à travers un champ de mines. L'athéisme est un refus bénéfique de laisser l'homme s'aliéner à un dieu hypothétique, à des manœuvres religieuses étrangères à la vraie vie. L'athée réalise qu'en confiant la gérance de ses peurs existentielles à un dieu tutélaire ou tuteur il se priverait ainsi de son existence réelle faite de fragilité, de précarité et d'audace, d'aventures et de créations et de responsabilité. L'athée nous mettrait en garde contre tout espace étriqué et enfermé où nous maintiendrait la religion qui exigerait en retour de tout religieux l'immobilisme du devoir!

L'athée pourrait-il aller jusqu'à affirmer ceci : ou bien Dieu existe, et l'homme n'est rien ou bien l'homme existe et Dieu n'est rien! Le croyant lui pense que l'homme existe en partenariat avec Dieu! Dieu n'est ni jaloux, ni mesquin pour l'homme mais plutôt en alliance pour répondre à sa quête de sens et à sa soif de plénitude. La foi ne dispense pas de l'intelligence et de la quête de connaissances. La science est la meilleure amie de la foi car elle lui rend le service de l'épuration en la libérant de toutes tentations récupératrices. L'expérience de la foi oscillera toujours entre la tentation religieuse et païenne de la religion de la peur et de l'utile, la tentation de la révolte athée ou prométhéenne et l'expérience de la foi à la manière évangélique. La foi évangélique est réellement compatible à la vie séculière ou sécularisée! La foi n'est pas un état pétrifié, elle connait l'assurance mais pas la sécurité! Elle est mouvement, circulation et investissement dans les enjeux réels de la vie. La foi est donc un cheminement audacieux nécessitant de la part du croyant de s'investir dans l'identification au Christ, à sa pratique de vie, à sa pratique du bonheur dans le but de partager sa gloire de Fils du Père. La foi n'est pas aliénation mais engagement à l'avènement du Royaume dont nous parle le Christ.

L'athéisme ne rendra pas heureux sans Dieu s'il n'est que réaction! La foi ne rendra pas heureux si elle n'est que fuite du monde! L'athéisme en étant promotion de l'homme vient interpeler la foi dans son engagement à la promotion de l'homme dans le Royaume. Dans un monde idéal, le croyant et l'athée se rendraient mutuellement le service de la promotion de l'homme! Promotion de l'homme debout, libéré. L'homme debout c'est la gloire de Dieu! Athéisme et foi : un couple inséparable!

PAROLES DE NOËL

Une vieille légende hindoue évoque le temps où tous les hommes étaient des dieux. Hélas, en ce temps-là, ils abusèrent tellement de leur divinité que Brahmâ, le maître des dieux, décida de leur ôter le pouvoir divin et de le cacher en un endroit où il leur serait impossible de le retrouver. Le grand problème fut donc de lui imaginer une cachette. Lorsque les dieux mineurs furent convoqués par leur maître pour résoudre ce problème, ils proposèrent cette solution : «Enterrons la divinité de l'homme dans la terre!» Mais le maître des dieux répondit que cela ne réglerait pas le problème car l'homme finirait bien par la retrouver en creusant la terre. Alors les dieux mineurs proposèrent de cacher la divinité de l'homme au fond des mers. Mais Brahmâ soutint que l'homme irait jusqu'au fond de la mer et la retrouverait bien un jour ou l'autre.

Alors le maître des dieux se rendant compte que les dieux mineurs ne parvenaient pas à trouver de solution à ce grave problème, décida donc de cacher la divinité au fond de l'homme car c'est le seul endroit où l'homme ne penserait jamais à chercher. Et depuis ce temps-là l'homme explora, escalada, plongea et creusa... à la recherche de quelque chose qui se trouve en lui. Dans son discours du Banquet, Platon évoque une légende un peu semblable. Les hommes, au tout début, étaient des êtres parfaits et androgynes. Alors les dieux eurent peur que les hommes, en découvrant leur perfection originelle en viennent à se détourner des dieux, cessent de leur offrir des sacrifices et que par la suite, les hommes en arrivent à oublier les dieux. Alors le maître des dieux décida donc de les diviser en deux, homme et femme, et depuis ce temps, ces derniers tout en essayant de refaire leur unité rompue ne trouvent plus le temps pour se révolter contre les dieux.

Il arrive parfois de voir ces pensées païennes nous hanter encore. Dans la nuit de Noël, voilà qu'une parole de salut nous est donnée : « Paix aux hommes que Dieu aime!» Voilà l'essentiel du message de Noël! Dieu n'est pas jaloux ou mesquin, il nous aime et nous propose sa paix, sa plénitude. Au lieu de vouloir nous la retirer par mesquinerie ou par peur que nous nous détournions de lui, il nous la propose sans cesse depuis l'œuvre de la création jusqu'à l'événement de la passion et de la résurrection du Christ, son Fils bien-aimé en qui il a mis tout son amour pour qu'il nous le fasse découvrir afin de nous le partager.

La fête de Noël nous fait découvrir un Dieu fou de l'homme à tel point qu'il se fait l'un de nous pour que nous partagions sa plénitude, sa divinité. Les récits de la Genèse nous font découvrir un Dieu qui est à la recherche de l'homme au sein du jardin, du paradis terrestre. Dieu a établi l'homme au cœur de ce jardin et en pleine souveraineté sur ce jardin mais ce dernier s'ennuie car il ressent un manque, une souffrance d'être. C'est à cette souffrance que Dieu se montre sensible en proposant à l'homme de partager sa gloire, sa divinité, sa plénitude. Les écrits des prophètes, les récits évangéliques deviennent des paroles de salut, des paroles de chemins de salut afin que l'homme advienne à cet état de plénitude.

Fêter Noël c'est réaliser que cette paix, cette plénitude nous habite déjà et par nos pardons, nos tendresses, nos partages... nous manifestons la réalité de cette paix. Nous devenons des témoins de ce monde transformé en jardin où Dieu ne cesse de se promener afin de nous proposer sa paix, sa plénitude ou encore son salut. Tous les récits de l'enfance du Christ que nous retrouvons aux deux premiers chapitres des évangiles de Mathieu et de Luc viennent nous montrer comment ce projet de salut est offert à toutes les nations représentées par les mages; comment cette naissance donne sens à toute la création puisque plein de signes apparaissent dans le ciel avec des anges chantant cette gloire de Dieu partagée aux hommes qu'il aime. Les bergers, humbles personnages, deviennent les premiers témoins d'une naissance qui vient renverser l'ordre ancien pour manifester l'avènement d'un fils capable de faire de nous des fils et des filles de Dieu.

Fêter Noël prend tout son sens quand on réalise que Dieu n'est pas jaloux de l'humanité mais qu'il est en follement amoureux à tel point qu'il risque de plonger dans son histoire, au cœur de son jardin en y impliquant son Fils, Parole portant au monde une proposition de salut, de paix. Fêter Noël, c'est donc réaliser que nous sommes aimés à tel point de Dieu qu'il désire nous partager sa gloire, sa divinité. Au lieu de nous cacher cette divinité possible, il la rend pleinement visible dans la personne de son Fils venu pour que nous ayons la vie et que nous l'ayons en abondance! Fêter Noël, c'est donc affirmer haut et fort que l'homme est non pas un perdu mais un sauvé promis aux plus grandes gloires.

LE NOËL DE BETHLÉEM: UNE TROUVAILLE DE DIEU

Noël revient encore avec son cortège de traditions et de préparatifs souvent exigeants. Et dans l'atmosphère que nous connaissons actuellement au Québec où les manœuvres du crime organisé, les systèmes de collusion dans l'octroi des contrats de travaux publics se multiplient sous nos yeux impuissants et aigris, nous nous sentons éteints dans notre espérance. Nous ressemblons à ces exilés à Babylone dont nous parle le prophète Isaïe et à qui le prophète demande de relever la tête car leur délivrance approche. Le prophète leur demande de prendre courage car les ténèbres opaques de leur malheur vont se dissiper dans leur libération prochaine. Nous nous sentons nous-mêmes dans ces ténèbres car nos repères sont souvent perdus au plan spirituel, au plan de la foi. Nous fêtons Noël dans le partage des cadeaux en oubliant le cadeau reçu de Dieu : son propre Fils devenu l'un des nôtres. Le christianisme est la seule religion qui ose annoncer que Dieu s'est fait proche et humain. Une trouvaille inédite : Dieu n'est plus un être lointain mais proche et partenaire de notre humanité. Le coup de génie du christianisme c'est de proclamer que Dieu s'est fait Homme, et le Fils de l'Homme est Dieu pour que l'Homme devienne Dieu en Lui, avec Lui et par Lui, le Fils! Dieu fait donc régner l'homme sur le monde car Il est un Dieu non pas jaloux de l'homme mais bienveillant et en amour avec lui!

À Noël, nous célébrons non pas un Dieu terrifiant comme au Sinaï qui parle dans le tonnerre et les éclairs, ni un Dieu écrasant qui apparait à Isaïe dans le Temple au milieu des Séraphims et des fumées d'encens, mais un Dieu vulnérable et fragile qui apparait dans un jeune enfant réchauffé par d'humbles animaux de crèche! Cet enfant qui pleure et qui crie sa soif, c'est la Parole éternelle faite présence dans notre chair et notre histoire humaine. Dieu se fait l'un de nous pour que nous devenions divins! Il nait dans la nuit pour être la Lumière du monde afin que par Lui nous ayons la plénitude de la vie. Entre Marie et Joseph l'enfant nous apparait démuni et dépendant alors qu'il est le Sauveur du monde, celui qui nous donne accès à la libération totale de toute mort durable car il est le chemin et la vérité de vie.

La fête de Noël est donc le mémorial de cette naissance étonnante du Christ, le fils qui se fait Image d'un Dieu devenu visible à nos yeux. Dieu fait son chez-Lui chez-nous pour que nous soyons chez-nous chez-lui! Et c'est Noël tous les jours puisque Dieu est sans cesse actif dans son incarnation au sein de notre humanité habitée de sa présence. « Gloire à Dieu et paix aux hommes que Dieu aime! » Voilà le message annoncé par les anges dans le ciel de Bethléem. La paix annoncée c'est donc la plénitude de la vie et cette plénitude nous est donnée et promise car elle est le signe que Dieu nous aime. Nous sommes objets de sa bienveillance signifiée dans l'Enfant de la crèche. La crèche devient signe du désir de Dieu de faire de chacune de nos personnes des crèches vivantes où Il puisse s'établir pour sa joie et la nôtre.
La naissance du Christ c'est donc une trouvaille étonnante de Dieu pour enfin partager notre drame humain, notre histoire qui désormais retrouve un chemin d'achèvement et de plénitude. Dans le Christ, l'enfant de Bethléem, l'Emmanuël,

Dieu n'est plus un étrange étranger de l'humanité mais un bienveillant partenaire qui nous fait cadeau de sa vie divine, de son intimité amoureuse, de sa bienveillance discrète! Fêter Noël c'est donc s'ouvrir largement à cette avance que Dieu nous fait en nous donnant un cadeau inespéré et insoupçonné, le Christ au milieu de nous jusqu'à la fin de ce monde et aussi dans l'avènement de l'autre : celui de la Résurrection proposée.

LE PRINCIPE DE POU: ÊTRE SIGNE D'AMOUR

Dans son livre intitulé *CONFESSION D'UN CARDINAL*, l'auteur, Olivier Le Gendre, fait raconter une histoire peu banale à son cardinal : l'histoire de Pou. Pou est un homme malade atteint du sida et stigmatisé par son entourage évidemment. Le cardinal en question se rend à son chevet accompagné de l'auteur et les deux passent trois heures auprès du malade sans parler car le malade ne parle pas leur langue. En sortant, le cardinal pose la question suivante à l'auteur : "Pourquoi pensez-vous que je vous ai amené auprès de cet homme en fin de vie ? " L'auteur répond : "Vous vouliez me mettre en contact avec la misère humaine." Le cardinal lui dit alors qu'il se trompait. Il voulait simplement montrer à Pou, lui le pauvre homme en phase terminale, que des occidentaux, des riches s'intéressaient à lui. Cette présence lui redonnait de la dignité, une dignité qu'il croyait perdue CAR C'EST CE QUE SA RELIGION LUI ENSEIGNAIT! Et Olivier Le Gendre définit ainsi le principe de Pou : il s'agit de la présence efficace de l'amour de Dieu relayé par les chrétiens auprès de ceux et de celles qui en ont besoin. Le principe de Pou, selon Olivier Le Gendre, s'oppose au principe de Constantin qui pense l'Église à travers des chiffres et par son organisation. POU EST L'IMAGE DE TOUS CES HUMAINS QUI ONT BESOIN DE RESSENTIR LA TENDRESSE DE DIEU.

Ce principe de Pou s'apparente aux thèses de la pastorale d'engendrement. On évangélise dans l'amour et non en faisant la morale, en donnant des leçons aux autres. Et aujourd'hui, en Église, nous vivons une problématique : la hiérarchie de l'Église est perçue comme froide, moralisante, distante alors que les communautés ecclésiales sont perçues comme chaleureuses et accueillantes. Et c'est la hiérarchie qui est contestée et qui donne une image déformée de la vie en Église. Dans les communautés, on accueille les blessés de la vie, les personnes ayant vécu un divorce ou une rupture, on accueille les personnes vivant des engagements amoureux plus particuliers alors que les discours officiels de l'Église se font régulièrement plus jugeurs, plus moralisateurs. On ne parle pas au peuple comme parle un professeur d'université voire un théologien, on lui parle au cœur come sait le faire un véritable pasteur. D'ailleurs, si on peut tirer une leçon de la dernière campagne électorale, ce serait la suivante : deux chefs nous parlaient comme des professeurs et des sermonneurs, un autre, plus jovial, a passé la rampe haut la main par la force de son sourire, de son discours, de son courage. En Église, on veut sauver la théologie, le dogme, l'organisation de la structure ecclésiale, mais on investit peu d'énergie dans l'approche pastorale. Les chefs de l'Église nous sermonnent sur la dictature du relativisme, mais le peuple n'écoute pas car le peuple n'aime pas les jugeurs et les casse-pieds, le peuple aime ceux qui les aiment et savent lui parler au cœur et faire appel à ce qu'il y a de noble en lui. On ne peut pas passer son temps à accuser ce peuple qui fait son possible pour vivre les défis de la vie actuelle.

Le principe de Pou me rejoint au plus haut point et me fait réfléchir comme pasteur au sein de l'Église. Comment notre Église peut- elle redevenir signe de l'amour et de la tendresse de Dieu et cesser son discours froid et accusateur. Comment notre Église saura-t-elle s'ouvrir à toutes les familles spirituelles qui la composent; quand mettra-t-elle autant d'énergies à conquérir les plus progressistes, les plus prophétiques et cela dans la tendresse et l'admiration, qu'elle en met pour faire une place à sa branche la plus intégriste et conservatrice? L'Église n'est pas la propriété de quelques personnes assoiffées de contrôle et de pouvoir, elle est signe pour toute l'humanité d'un Royaume dont elle est signe et témoin mais dont elle n'a les titres de propriété. Comment dans ce monde actuel, objet de la bienveillante englobance du Dieu de Jésus-Christ, être signe d'amour et de la tendresse de Dieu comme Église. Il appert que nous connaissons des solutions possibles pour réagir devant la baisse des effectifs pastoraux par exemple, mais on n'ose pas l'audace des premiers chrétiens que nous rencontrons dans la lecture des Actes des Apôtres. On passera à l'acte quand il sera trop tard. Et cela ne sera pas la première fois que cela se passera de cette façon au sein de notre Église. Nous en avons manqué des bateaux dans le passé et c'est dommage que nous soyons incapables d'en tirer des leçons. La crise actuelle est loin d'être terminée mais on veut la régler par des discours de mise au point, d'intimidation et de mise au silence des collèges épiscopaux par exemple. On dit que la question de l'ordination des femmes est réglée à jamais ainsi que celui de l'ordination d'hommes mariés. Est-ce que cette question a été réglée en concile œcuménique? Je ne le pense pas. On ne peut laisser à une seule personne le poids d'une telle décision.

En terminant, je pense que la véritable solution aux problèmes actuels de l'Église ne réside pas tant dans le remaniement des structures organisationnelles que dans l'approche pastorale des personnes, selon le principe de Pou. Je pense à l'approche de Mère Thérésa, à celle de Jean Vanier. Leur approche a consisté à démarrer leur action prophétique au ras du sol, en-dehors des sentiers balisés de la pastorale normative. Ces personnes sont devenues des signes de l'Amour et de la Tendresse de Dieu dans la simplicité des moyens mais en engendrant des personnes au sein du Royaume. Ces prophètes n'ont pas fait de discours pour nous mettre en garde de tout relativisme mais ils nous ont marqués par l'audace de leurs gestes et de leurs engagements au nom des valeurs de l'Évangile. Revenir aux fondements du christianisme c'est privilégier la personne à la structure, c'est engendrer dans la foi et non encadrer et contrôler au nom de la structure, c'est cesser de nier l'évidence actuelle de la situation de l'Église et se laisser interpeler par les prophètes d'aujourd'hui qui lancent des appels à la mission. Je rêve qu'un jour des pasteurs, des évêques se fassent proches et aimants, acceptent de passer trois heures ou trois jours pour redonner de la dignité aux personnes désespérées…comme ce cardinal et son compagnon auprès de Pou. Décidément l'histoire de Pou m'a chaviré le cœur et m'a appris une autre fois encore qu'on engendre dans la foi et dans le Royaume seulement si on engendre dans l'amour et dans la tendresse de Dieu.

L'ÉGLISE DE DEMAIN UN AVENIR POSSIBLE?

Quand je pense à ce que l'Église peut devenir au Québec dans les années à venir, je suis à la fois confiant et perplexe. Les assemblées dominicales sont de plus en plus vieillissantes et réduites en nombre. Les jeunes adultes sont totalement absents de ces rassemblements ecclésiaux. La relève s'annonce mince et peu régulière. Nous assistons à la fin d'un règne. Désormais tout sera différent en Église, tout sera comme ce sera possible après ce grand changement que nous connaissons. Des catéchèses dynamiques et novatrices vécues avec des groupes d'enfants et leurs parents ne connaissent pas de lendemains. Ce qui est inédit maintenant, c'est que notre Église n'engendre dans la foi que péniblement et par intermittences des jeunes bien vite laissés à eux-mêmes. Et on ne devient pas chrétien tout seul, on le devient en communauté! C'est ce qui s'est toujours vécu depuis que l'Église existe. Et ce que nous connaissons en Église n'a jamais eu pareil contexte jusqu'ici. Et toutes tentatives de restauration sont vouées à l'échec. C'est ce que nous remarquons actuellement dans divers pays européens comme la Belgique ou la France. Les dérives intégristes de certains groupes catholiques ne sont que des symptômes d'un malaise voire même d'un mal-être chrétien. Et alors, l'avenir de quoi sera-t-il fait et surtout, y aura-t-il un avenir pour l'Église? L'Église a déjà changé d'adresse au cours de l'Histoire et elle semble trouver son avenir dans les pays sud-américains, africains et asiatiques. Pour ce qui est des pays du nord, l'Église y connaîtra un avenir totalement inédit et novateur. Mais comment est-il possible cet avenir?

L'Église de demain sera constituée de petits groupes prophétiques se rassemblant pour le partage de la Parole et de la vie. Ces groupes restreints ne seront pas nécessairement dans le giron ecclésial, ils seront des groupes vivant des spiritualités alternatives d'inspiration chrétienne peut-être. Des tentatives de renouveau se multiplieront tout en rejoignant peu de monde. Les croyants seront de plus en plus marginalisés dans une société pluraliste tant au plan ethnique que religieux. C'est ce que nous vivons maintenant. Des groupes religieux s'implanteront chez-nous et marqueront désormais notre culture. Pensons aux arrivées de nombreux musulmans ou de groupes venus d'Orient... L'Église du Québec devenue minoritaire et peu nombreuse continuera son chemin appauvrie et dépouillée de tout un patrimoine qui lui assurait jadis un avenir confortable.

Mais cette Église, si elle s'en donne la peine et si elle ose vraiment inventer l'avenir, connaîtra un possible rayonnement spirituel. Elle apparaîtra comme porteuse d'une espérance et d'une sagesse de vie si seulement elle accepte de se défaire de ses vieux poisons : intégrisme, contrôle et exclusion... L'Église aura un rayonnement possible si elle prend le virage multi médiatique : présence dans la blogosphère, présence compétente et bien formée dans le monde des communications en général. Des personnes assoiffées de spiritualité iront puiser dans ces média et dans des points de rencontre communautaire des éléments pouvant nourrir et soutenir leur vie comme d'ailleurs d'aucuns le font sur le chemin de Compostelle, dans les monastères d'ici et d'ailleurs, dans les ashrams des Indes... L'Église partagera sa compétence spirituelle et évangélique sans chercher nécessairement le contrôle rassurant de ces personnes en quête de sens et de spiritualité ou encore d'espérance en une vie impérissable. Et ces cheminements se feront occasionnels lors de naissances, de mariages, de funérailles et autres étapes significatives de la vie. L'Église apportera le service du sens à ces personnes désireuses de vivre spirituellement les grands virages de la vie.

Dans ce monde pluraliste aux engagements éphémères, l'Église offrira des parcours spirituels, accompagnera en îlots des groupes de cheminement de foi, et elle apportera par le témoignage de petites communautés de base, le message toujours inédit de l'Évangile capable d'être comme un levain enfoui dans la pâte et qui donne toute sa force de croissance. L'Église a donc un avenir ici au Québec, un avenir tout à fait inédit. Un avenir à inventer courageusement en luttant contre toutes tentations de vouloir faire COMME AVANT alors qu'il lui est demandé de faire COMME APRÈS. D'ailleurs, c'est ce qu'ont osé faire les apôtres comme Pierre et Paul et leurs collaborateurs qui ont accepté de quitter les vieux murs rassurants de Jérusalem pour prendre les bateaux capables de les porter aux confins de l'Empire romain pour y faire connaitre la Parole du Christ. Aurons-nous le même courage, la même audace!

UNE POSSIBLE ÉGLISE POUR LE 3ᵉ MILLÉNAIRE?

La question de l'avenir de l'Église se pose maintenant de plus en plus quand on regarde les signes qui se multiplient aujourd'hui : décroissance, abandon, distanciation… Une possible Église pour ce millénaire? Mais à quelles conditions? Il faudra accepter comme chrétiens que l'Église quitte tout contrôle et toute prétention à posséder le salut. Elle n'est que signe de salut, sacrement de salut mais non pas Salut. L'Église devra aussi quitter toute hégémonie, tout embrigadement, toutes tentations de monopolisation. Elle devra accepter de perdre le contrôle en acceptant de ne plus couvrir tout le territoire. C'est Dieu-Père qui sauve universellement, lui seul couvre tous les continents! L'Église est signe signifiant et anticipant du Salut. Elle devra donc accepter une certaine déconstruction administrative et un certain dégraissage doctrinal.

Après deux millénaires, notre Église traine des valises encombrées et pour l'illustrer, j'emploierai la parabole du chat. Un chat entra un jour dans une église abbatiale et vint se coucher au pied de l'abbé, durant l'office du matin. Et l'abbé l'accueillit et le garda auprès de lui. Le chat venait tous les jours à l'office et se couchait ainsi auprès de l'abbé. Par la suite, l'abbé mourut également. Le nouvel abbé adopta le chat orphelin et le laissa à ses pieds au cours de l'office. Mais comme un malheur ne vient pas tout seul, il arriva que le chat mourut aussi. Les jours passèrent et au chapitre de la communauté, on en est venu à se poser la question suivante : « Devrions-nous avoir un nouveau chat car il y a toujours eu un chat au pied de l'abbé durant les offices? » C'est comme cela que se sont multipliées les traditions ecclésiales, par couches successives au fil des siècles. Il est venu le temps d'un certain élagage afin de rendre possible une expression de la foi dans la culture de ce siècle-ci. Pour y arriver, il faudra accepter de pratiquer un œcuménisme non plus de confrontation mais de convergence. Toutes les Églises peuvent être Signes de Salut car chacune, ayant son charisme et sa culture propre, apporte une couleur et une particularité dans l'annonce et la pratique de l'Évangile devenant ainsi d'une façon historique, Signe du Christ inaugurant le Salut. L'Église devra quitter la tentation du nombre à tout prix au risque de réduire les critères d'admission pour travailler sur la qualité du Signe dont elle est chargée. Signe de Salut, Révélation de Salut : donc forcément signe minoritaire. L'Église sera Signe sans crispation, sans désir hégémonique et sans rêve de contrôle car elle n'est pas propriétaire de ce Salut qu'elle annonce car c'est le Dieu-Père seul qui est Acteur du Salut. L'Église est prophète annonçant le Salut et le prophète ne tient pas la place de Dieu. Notre Église devra accepter de vivre l'expérience d'Élie qui a abandonné sur le Mont Carmel tous ses rêves totalitaires pour se recentrer sur ce Reste-Signe. Les oracles des prophètes ont sans cesse rappelé l'existence du petit Reste. Sans être élitistes, nous accepterons nous aussi qu'il en soit ainsi!

Aujourd'hui, nous vivons un tournant culturel total, universel, mouvementé et révolutionnaire. L'Homme est devenu capable de toutes les dérives possibles, il en a les moyens. Il a arraché par les moyens scientifiques, les techniques, les pouvoirs autrefois dévolus aux pouvoirs religieux et aux dieux antiques. L'humanisation est désormais son affaire, il est maitre de son destin et c'est tant mieux! Aux croyants maintenant de devenir des hérauts d'une divinisation de l'homme, d'une plénitude possible par pure grâce! Devant cette situation inédite, les tentatives intégristes se multiplient pour maintenir l'homme sous la coupe des pouvoirs de contrôle. Ces pouvoirs de contrôle ne sont pas des signes de salut! Une autre nouveauté est à souligner encore : la médiatisation instantanée : nous sommes spectateurs culpabilisés ou complices du mal-être universel. Devant ce drame humain, Dieu semble absent car Il se veut non interventionniste mais plutôt inspirant. Citons ici François Varone : « La religion est perçue comme inefficace, pratiquée comme folklorique, apaisante, ou comme ultime recours, et radicalement rejetée quand elle se prétend référence absolue, censure autoritaire ou menace de maux et de mort. » (In *Inouïes les voies de la miséricorde, p.172.*) De plus, la remise en question de la religion est interne. Les prises de parole se multiplient sans cesse remettant en question certaines pratiques ecclésiales.

Devant cet état de fait, l'Église est à une intersection : aller vers la voie de la crispation, du raidissement doctrinal et disciplinaire pour maintenir son rêve de chrétienté universelle, maintenir un bloc ecclésial sans faille et imposant, totalitaire et répressif, hiérarchisé. Maintenir à tout prix un organisme doctrinal, moral, rituel, accrédité par Dieu devant l'Histoire comme moyen unique de Salut pour permettre à tous les Adams rebelles de passer au Salut en passant par le Christ obéissant ou encore, comme deuxième voie, prendre le chemin du Reste porteur de sens et d'espérance. Un Reste qui ne s'épuisera pas à maintenir des structures branlantes et des façades lépreuses d'une puissance historique passée en quittant résolument la tentation de pouvoir tout couvrir et tout régenter. Non plus maintenir à tout prix des structures d'un autre temps mais créer des signes nouveaux de salut.

Pour terminer, je reprendrai les propos de François Varone : « C'est la Parole de Dieu qui a fait d'Israël le signe de la Patience universellement salvifique et qui, du même coup, a fait de l'Église le signe anticipatoire de la Miséricorde. Dans le prochain millénaire, la main du christianisme ne restera vivante et souple, dans l'immense corps malmené de l'humanité angoissée, qu'en signifiant ce dont il est déjà instruit par révélation : LE SALUT DE TOUS LES HOMMES PAR LA MISÉRICORDE DE DIEU. » (In *Inouïes les voies de la miséricorde, pp 173-174.*) Acceptons comme Église d'être encore dans ce long temps de la Patience tout en portant et en anticipant le Signe du salut en se rappelant que c'est le Dieu-Père qui enfermera tous les hommes dans des vases de miséricorde après les avoir longtemps enfermés dans des vases de patience. Il est le seul acteur du salut! En terminant, nous rappelons comment le théologien François Varone nous a guidé dans notre réflexion.

FEMMES ET MINISTÈRES : DES SIGNES PARLENT!

Le 25 mars dernier avait lieu une journée de prière organisée par le groupe FEMMES ET MINISTÈRES en vue d'obtenir le droit à l'ordination. En même temps, nous voyions au journal télévisé ce même jour, une femme de Tripoli intervenir brusquement dans le lobby de l'hôtel où se trouvent les nombreux journalistes venus couvrir la situation qui prévaut en Lybie actuellement. Cette femme, aux risques de sa vie, vient dénoncer les mauvais traitements qu'elle aurait subis par les hommes de main de Khadafi. Cette femme est vite trainée en-dehors du champ des caméras et par la suite, les hommes du régime la déclaraient ivre (dans un pays où l'alcool est prohibé) et hystérique! Deux situations se juxtaposaient ce même jour et il était difficile de ne pas voir des signes très parlants! Deux situations où nous ne pouvons nous empêcher de voir des points de rupture : des systèmes arrivant à leur point de non-retour et qui craquent sous la pression prophétique des contestataires! Et en même temps, on annonce pour le 7 mai 2013, un colloque organisé par le Réseau Culture et Foi, ayant pour thème de discussions : « Une Église sans pasteurs? » En fait de signes, on ne peut pas dire que l'abondance nuit! Cela me rappelle une parole de l'Évangile : « Quelqu'un pourrait bien revenir d'entre les morts, ils ne seraient pas convaincus. » ((Lc 16,31).

Notre Église doit donc se laisser interpeler par ces appels à l'égalité homme-femme en Église et à la dignité partagée pour le service ministériel en Église. D'ailleurs les textes de l'Écriture nous fournissent tellement de beaux exemples de femmes porteuses de la Parole du salut. Des textes évangéliques, je retiendrai deux merveilleux visages d'Apôtres féminins : la Samaritaine et Marie-Madeleine. La Samaritaine porte le visage de tout son peuple de Samarie, elle en est la figure symbolique : ses cinq maris rappellent les cinq divinités païennes vénérées des samaritains. Cette femme, figure de tout un peuple, laissera sa cruche à la margelle du puits de Jacob, pour annoncer rapidement à la ville qu'elle vient de faire la rencontre de Celui qui fait jaillir en vie éternelle des sources d'eau vive! L'eau du puits de Jacob, symbole de la première Alliance, est désormais inutile et ce puits profond est désormais appelé à se dessécher puisque le Christ apporte l'eau vive de la nouvelle Alliance. La femme de Samarie se fait donc la première porteuse de l'annonce du salut et pendant deux jours (temps de la résurrection!) les habitants de la Samarie feront la découverte et la rencontre du Ressuscité à travers l'expérience de la Samaritaine. D'ailleurs le peintre italien Il Guercino, en 1647, a peint un célèbre tableau où nous voyons le Christ portant la tunique rouge, rappelant son humanité, et un manteau bleu rappelant sa divinité et la Samaritaine qui porte une cruche bleue rappelant que le Christ a fait surgir en elle la source du salut, la source jaillissant en vie éternelle. Tout comme le grand-prêtre portait le manteau bleu pour officier dans le sanctuaire, Jésus, grand-prêtre de la nouvelle Alliance, porte lui aussi ce même manteau bleu rappelant son rôle de sauveur. La Samaritaine découvre que le salut ne vient ni du mont Garizim, ni du temple de Jérusalem, mais du Christ, temple de la nouvelle Alliance. La Samaritaine devient donc l'Apôtre de son peuple et la porteuse de l'Évangile pour son peuple.

Une autre femme nous apparait importante comme Apôtre, Marie-Madeleine, cette disciple de Jésus qui le soutenait de ses dons puisqu'elle était veuve d'une riche commerçant venu de Magdala. Cette femme, avec plusieurs compagnes, assistera Jésus lors de son ministère de la Parole. C'est encore Marie-Madeleine qui se rend au tombeau de bonne heure, accomplir les derniers rites de sépulture envers son Maître. Sa compagne, l'autre Marie et elle découvrent que la pierre a été roulée, que le linceul est resté là mais que le corps de Jésus ne se trouve plus dans le tombeau! (Mt 28,1-10) Marie-Madeleine sera la première à annoncer la résurrection du Christ aux disciples. C'est elle que le Maitre charge d'annoncer que désormais on peut le rencontrer dans nos Galilée.

D'autres visages de femmes nous apparaissent tout au long des écrits du Nouveau Testament : Lydie, Priscille entre autres! Il nous apparait qu'aux premiers temps de l'Église, les chrétiens vivaient davantage une vie communautaire axée sur l'égalité et la reconnaissance d'une dignité mutuelle. D'ailleurs, au sein de notre Église, des femmes ont des rôles de premier plan au sein des communautés religieuses ou monastiques et surtout, au sein des communautés paroissiales où elles sont très nombreuses à s'engager dans l'animation et le soutien des communautés. Pourquoi ne pas faire l'autre pas, celui des ministères ordonnés, afin que nos Églises ne manquent pas de pasteurs! Mais surtout, pour reconnaitre que nos sœurs dans la foi, sont appelées comme Marie-Madeleine et la Samaritaine à se faire apôtres du salut! L'urgence se fait encore plus grande aujourd'hui alors que nous voyons l'émergence de nouvelles paroisses encore plus populeuses où le premier pasteur se fait moins présent à chacune de ces communautés regroupées. Pourquoi ne pas nommer des personnes, hommes ou femmes, en charge de ces petites communautés au sein de ces nouvelles paroisses élargies? Les temps changent et notre monde ne sera plus jamais celui que l'on a connu et cela doit nous provoquer à d'audacieuses prises de décisions.

IMMACULÉE CONCEPTION DE LA VIERGE MARIE

Ce récit de Luc que nous avons aujourd'hui, on le retrouve à la fête de l'Immaculée Conception de la Vierge Marie et aussi au 4è dimanche de l'Avent de l'année B, l'année de Marc. Ce récit de l'annonce à Marie ((Lc 1,26-38) a fait couler beaucoup d'encre. Pour ma part, mon mémoire de Maîtrise portait sur ce récit et sur celui de Matthieu, l'annonce à Joseph (Mt 1,18-25). En faire une exégèse exhaustive serait un peu lourd dans une homélie, mais je voudrais simplement apporter quelques précisions dans la présentation du récit, dans son interprétation et dans son actualisation aujourd'hui, pour ne pas dire n'importe quoi...

1) Marie : Qui est-elle dans l'évangile de Luc? S'agit-il d'une jeune fille de 14-16 ans qui serait la mère de Jésus de Nazareth? On ne le sait pas et Luc non plus. Mais qui est-elle? Pour comprendre le personnage de Marie, il nous faut passer par le Christ de Pâques. L'exégète français Édouard Cothenet disait : « *À plusieurs reprises, dans son évangile, Luc prend soin de bien distinguer deux niveaux dans la connaissance de Jésus de Nazareth : Es-tu le Messie? ((Lc 22,67), lui demande d'abord le grand-prêtre. Puis vient la question : Es-tu le Fils de Dieu?(Lc, 22,70)* ». Ce qui veut dire qu'on ne peut connaître Jésus de Nazareth qu'à partir de sa transformation pascale : sa résurrection. Ça a un impact sur tout l'évangile... De sorte que, les exégètes disent : « *De sa conception à sa mort, le Jésus de Luc porte les marques de la Croix et les traces de la Gloire* ». Ce qui signifie également que les personnages l'entourant, ont, eux aussi, subi la transformation de Pâques, dans certains cas, et dans d'autres cas, ils sont tout simplement des créations littéraires de Luc ou des autres auteurs du Nouveau Testament.

Le personnage de Marie, puisque c'est elle dont il est question dans l'évangile aujourd'hui, ce n'est pas la jeune fille vierge que la tradition présente comme la mère de Jésus; celle-ci existe sans doute, mais on ne peut le savoir par l'évangile... Marie, en Luc, c'est la Jérusalem nouvelle, la fille de Sion, invitée à la joie messianique, dont nous parle le prophète Sophonie (So 3,14) et le prophète Zacharie (Za 9,9), après l'Exil, où le peuple a besoin de se retrouver comme peuple de Dieu et de retrouver son Dieu. Marie est le symbole de ce peuple nouveau, de ce peuple de la nouvelle Alliance, en qui surgit le Salut de Dieu, selon Isaïe 62,11, le Sauveur et l'espérance messianique d'après l'Exil.
Marie, c'est donc l'Église, nouveau peuple de l'Alliance qui devient temple, maison, sein, pour accueillir le Christ qui vient. Aussi, la virginité était la qualité requise pour la fille de Sion, chez le prophète Isaïe (Is 37,22) : « *Voici la parole que le Seigneur prononce contre lui (Ézéchias). Elle te méprise, elle se moque de toi, la vierge, fille de Sion. Elle hoche la tête derrière ton dos, la fille de Jérusalem* ».

2) L'Esprit Saint : Qui est-il? C'est l'Esprit de Dieu qui préside à la Création du monde; l'Esprit qui plane sur les eaux (Gn 1,2). C'est aussi la Nuée qui, dans le désert, prenait sous son ombre la Demeure de Dieu (Ex 40,35).

C'est l'Esprit qui ressuscite Jésus et qui couvre de son ombre la nouvelle demeure du Fils de Dieu : Marie, l'Église : « *L'Ange lui répondit : L'Esprit Saint viendra sur toi, et la puissance du Très-Haut te prendra sous son ombre; c'est pourquoi celui qui naîtra sera saint, et il sera appelé Fils de Dieu* » (Lc 1,35). Et puisque l'Esprit créateur est saint, l'enfant sera saint, consacré. C'est un titre donné par l'Église des commencements au Messie de Dieu.

On est loin de la conception matérielle d'un enfant. L'Esprit, dans la Bible, ne joue pas un rôle de géniteur. L'Esprit donne la vie autrement. Il a présidé à la Création du monde; il préside à la création du monde nouveau, commencé sur la Croix du Vendredi Saint, au moment où l'évangéliste Luc fait dire à Jésus : « *Jésus poussa un grand cri; il dit : Père, entre tes mains je remets mon esprit. Et, sur ces mots, il expira* » (Lc 23,46).

Pour décrire le rôle véritable de l'Esprit Saint dans la naissance du Christ, je crois que l'évangéliste Jean, dans l'entretien de Jésus avec Nicodème, le décrit très bien : « *Jésus dit à Nicodème : En vérité, je te le dis : à moins de naître d'en haut, nul ne peut voir le Royaume de Dieu. Nicodème lui dit : Comment un homme pourrait-il naître s'il*

3) L'Ange Gabriel : Un autre personnage du récit de l'Annonce à Marie, c'est l'Ange Gabriel. Dans la Bible, un ange, c'est un messager de Dieu, pour dire Dieu lui-même. Gabriel signifie : *Dieu envoie*. Au livre de Daniel, c'est le même ange, le même messager qui est chargé d'annoncer la venue d'un *messie-chef* à un peuple démoralisé (Dn 9,25). Dans l'évangile de Luc, Gabriel a 2 bonnes nouvelles à annoncer : celle de la naissance de Jean Baptiste (Lc 1,5-25) et celle de la naissance de Jésus (Lc 1,26-38), l'évangile d'aujourd'hui. On peut donc dire aujourd'hui que l'Ange Gabriel annonce la réalisation des promesses messianiques traditionnelles juives qu'on retrouve, à la fois, chez Daniel (Dn 9,25), chez Isaïe (Is 7,14; 9,6), et à David par le prophète Nathan (2 S 7,11b-12.14).

2. L'annonce à Marie aujourd'hui : En cette fête de l'Immaculée Conception, à la veille de Noël, qu'est-ce que ce récit d'annonce peut nous dire aujourd'hui? Si Marie est le nouveau peuple de Dieu, l'Église, donc nous les chrétiens de tous les temps, l'annonce de saint Luc, c'est à toutes les Marie que nous sommes qu'elle est faite aujourd'hui. Sommes-nous prêts à accueillir le Christ en nous? Dieu décide de faire sa demeure où il veut, mais il a besoin de notre consentement pour naître. Il a besoin de notre *Fiat*, de notre *oui*. L'exégète français Hyacinthe Vulliez écrit : « *L'Ange de Dieu fait aussi éclore le miracle dans le champ de notre vie. Il est envoyé vers chacun pour être le messager de la naissance de Dieu en tout homme. Comme le dit le poète Angelus Silesius, Dieu engendre à tout moment son Fils en toi. Gabriel nous révèle notre véritable origine. Chacun est appelé à recevoir le germe de vie divine, à devenir le lieu, l'être en qui la Parole divine peut à chaque instant prendre chair. Écoutant cette annonce stupéfiante, sommes-nous, comme Marie, assez disponibles*

intérieurement pour dire simplement : Fiat, oui, qu'il en soit ainsi!, pour laisser Dieu agir en nous? »
Depuis 2000 ans de christianisme, il y a peut-être trop de *oui* qui se perdent et trop de *non* prononcés. Là-dessus, Gandhi, qui n'était même pas chrétien, nous offre une réflexion fort intéressante, et je termine avec ça : « *Le Sermon sur la Montagne est tout le christianisme pour celui qui veut vivre une vie chrétienne. En lisant toute l'histoire de cette vie sous ce jour-là, il me semble que le christianisme reste encore à réaliser. En effet, bien que nous chantions : Gloire à Dieu dans les cieux et paix sur la terre, il n'y a aujourd'hui ni gloire de Dieu ni paix sur la terre. Aussi longtemps que cela reste une faim encore inassouvie, et tant que nous n'aurons pas déraciné la violence de notre civilisation, le Christ n'est pas encore né* ».

Raymond Gravel ptre
Diocèse de Joliette. (Une collaboration spéciale.)

PARABOLE DES BOULES D'ARGILE

Un plongeur explorait des grottes au bord de la mer. Il aperçut dans une de ces fosses un sac rempli de petites boules d'argile durcie. On aurait dit que quelqu'un avait fabriqué ces billes et les avait fait sécher au soleil pour les faire cuire. Ces boules d'argile n'avaient rien de bien spécial mais elles intriguaient notre explorateur qui décida alors de ramener le sac. Il sortit donc de la caverne et revint au rivage. En se promenant sur la plage, l'idée lui vint de lancer au large ces billes bien moches. Il en lança ainsi une bonne cinquantaine quand soudain, une bille sortit du sac et tomba sur une pierre plate, au bord de la mer. C'est alors que cette bille d'argile se fractionna en laissant apparaitre en son sein, une pierre précieuse que le soleil rendait encore plus merveilleuse. Notre plongeur, intrigué au plus haut point, se mit à examiner les dernières billes qui restaient dans le sac et découvrit alors que chacune de ces billes contenait une pierre précieuse. En pensant à toutes les autres billes lancées au large, le pauvre homme réalisa alors qu'il venait de perdre ainsi une grande fortune. (Source inconnue)

C'est comme cela que ça se passe avec les gens que nous rencontrons. On n'aperçoit en premier lieu que l'argile de la précarité humaine dont ils sont revêtus et on passe tout droit sans se douter de la présence d'une précieuse âme en eux. C'est après un certain temps que nous sommes en mesure de découvrir les beautés et les richesses intérieures des personnes. Il arrive assez souvent que nous jetions le bébé avec l'eau du bain quand on ne voit que les blessures des personnes en ne prenant pas le temps de découvrir leur intériorité, les beautés qui reposent sous les eaux souillées de l'argile humaine.

Il nous arrive aussi de vouloir se débarrasser de ce sac qui contient les appels du Maître. La tentation est forte de lancer au large cet Évangile pour vivre selon notre propre passion. Ces appels de l'Évangile nous semblent ternes comme ces billes d'argile ramenées de la caverne. Mais quand on accepte de jeter un second regard sur ces appels, on réalise alors que ces appels deviennent des exigences à vivre selon un nouvel Esprit, à vivre dans une nouvelle optique, dans une nouvelle dimension. Nos vies sont appelées à laisser éclater leur argile précaire pour permettre au trésor intérieur de trouver sa pleine valeur, sa pleine gloire.

Prenons maintenant quelques appels de l'Évangile pour voir comment ils nous provoquent à laisser éclater notre argile pour connaitre cette transfiguration spirituelle. « Vous avez appris qu'il a été dit : Tu aimeras ton prochain et tu haïras ton ennemi. Eh bien moi, je vous dis : Aimez vos ennemis, et priez pour ceux qui vous persécutent, afin d'être vraiment les fils de votre Père céleste; car il fait lever son soleil sur les méchants et sur les bons et tomber la pluie sur les justes et sur les injustes. Si vous aimez ceux qui vous aiment, quelle récompense aurez-vous? Les publicains eux-mêmes n'en font-ils pas autant? Et si vous ne saluez que vos frères, que faites-vous d'extraordinaire? Les païens n'en font-ils pas autant? Vous donc, soyez parfaits comme votre Père céleste est parfait. » (Mt 5, 44-48) Cet appel nous invite donc au dépassement, à faire éclater l'argile qui endurcirait notre cœur afin que nous soyons déjà des témoins et des révélateurs du Régime, du Règne de Dieu.

Voici encore d'autres appels du Maître : « Vous avez appris qu'il a été dit : Œil pour œil et dent pour dent. Eh bien moi, je vous dis de ne pas riposter au méchant; mais si quelqu'un te gifle sur la joue droite, tends-lui encore l'autre. (La joue de la non-violence et de la non-vengeance, la joue du courage qui brise le cycle de la violence.) Et si quelqu'un veut te faire un procès et prendre ta tunique, laisse-lui encore ton manteau. (Désarme ton agresseur par la force désarmante de ton amour. Ta grande humanité permettra à l'autre de prendre conscience de la grande inhumanité de sa conduite.) Et si quelqu'un te réquisitionne pour faire mille pas, fais-en deux mille avec lui. (Le temps nécessaire pour découvrir à travers l'argile de notre précarité humaine, le trésor enfoui au cœur de la personne.) Donne à qui te demande, ne te détourne pas de celui qui veut t'emprunter. » (Mt 5, 39-42) Donc ne désespère jamais d'aucun humain!

Ces appels au dépassement peuvent nous rebuter car ils nous provoquent à briser l'argile de notre cœur, à devenir plus humain afin que nous soyons en mesure de vivre le plus grand dépassement qui soit, celui de la résurrection, de la plénitude de la vie éternelle. Quand nous acceptons de briser l'argile de notre précarité, nous sommes en mesure de voir la gloire que nous partage le Dieu-Père, une pierre précieuse de grand prix!

PARABOLE DU GOUROU IMBU DE LUI-MÊME

Un jeune chercheur, en quête d'un maître spirituel qui le guiderait sur la voie de la sainteté, arriva un jour, à un ashram, un monastère dirigé par un gourou jouissant d'une glorieuse réputation. Hélas, sous des dehors de saint homme se cachait un imposteur bouffi d'orgueil, un être imbu de lui-même. Mais personne n'en savait rien et cela faisait bien son affaire. « Avant de vous accepter comme disciple, dit ce gourou à ce jeune homme droit, je dois mettre à l'épreuve votre désir réel de sainteté. Une rivière coule près de l'ashram, elle est infestée de crocodiles. Je vous demande de passer à gué cette rivière. »

La foi du jeune disciple est si grande qu'il obéit aveuglément : il traverse la rivière en murmurant avec ferveur : « Louons la grandeur de notre gourou! » À la vaniteuse satisfaction du gourou, le jeune homme se rendit à pied jusqu'à l'autre rive et en revint sain et sauf. Cette prouesse inespérée renforça le gourou dans la haute opinion qu'il avait de lui-même. Aussi décida-t-il de donner à tous ses disciples une démonstration incontestable de son pouvoir et de sa sainteté. Il descendit donc dans la rivière en criant : « Louez la grandeur de votre gourou! Louez sa grandeur! » Les crocodiles, appâtés, se jetèrent sur lui et le dévorèrent.
(Un récit d'Anthony De Mello)

Ce gourou imbu de lui-même avait réussi à se servir de l'institution de l'ashram pour en faire son propre faire-valoir. Cette institution en principe bien vénérable puisqu'elle devait servir d'école de sainteté et de sagesse, était devenue pour son gourou une base de lancement pour sa propre valorisation. Il arrive tellement souvent que les systèmes mis en place au sein de nos sociétés, deviennent la propriété de certaines personnes qui, telles ce gourou, s'en servent comme des rampes d'avancement de leurs propres intérêts. Les systèmes deviennent des lieux de pouvoirs, d'intérêts, de contrôles, d'exclusion. On peut observer ces phénomènes au sein de la politique, de l'éducation, des finances, des sports et même au sein des systèmes religieux. La tentation est grande de se servir de ces systèmes pour son propre faire-valoir et pour faire avancer ses pions.

Au cours de son ministère, comme en font foi certains récits évangéliques, Jésus n'a pas hésité à démasquer les tenants du système religieux de son temps. Il n'est pas venu établir un nouveau système religieux capable s'asservir à nouveau l'homme mais il est venu plutôt rappeler que c'est le système symbolisé par l'observance du sabbat, qui doit être au service de l'homme. « Un jour de sabbat, Jésus marchait à travers les champs de blé; et ses disciples, chemin faisant, se mirent à arracher des épis de blé pour en manger. Les pharisiens, garants du système religieux de l'époque, disait à Jésus : « Regarde ce que font tes disciples le jour du sabbat! Cela n'est pas permis! » Jésus leur répond : « N'avez-vous jamais lu ce que fit David, lorsqu'il fut dans le besoin et qu'il eut faim, lui et ses compagnons? Au temps du prêtre Abiathar, il entra dans la maison de Dieu et mangea les pains de l'offrande que seuls les prêtres peuvent manger, et il en donna aussi à ses compagnons. Le sabbat a été fait pour l'homme et non pas l'homme pour le sabbat. Voilà pourquoi le Fils de l'homme est maître, même du sabbat. » (Mc 2, 23-28) Les systèmes religieux sont mis en place pour maintenir vivante la Parole du salut et rendre sa mémoire toujours possible. Mais aucune mesure de coercition, aucun motif d'exclusion ou de rejet ne peuvent être justifiés par ces systèmes religieux. C'est ce que le Pape François rappelait en affirmant dernièrement qu'on ne peut évoquer la foi pour justifier le terrorisme et la violence.

Un autre récit de l'Évangile de Marc, nous rappelle cette règle d'or du sabbat pour l'homme, symbole des règles établies par les systèmes religieux. « Un jour, Jésus entra dans une synagogue (lieu officiel du système religieux); il y avait là un homme dont la main était paralysée. On observait Jésus pour voir s'il le guérirait le jour du sabbat. On pourrait ainsi l'accuser. Il dit à l'homme qui avait la main paralysée : « Viens te mettre là devant tout le monde. » Et s'adressant aux autres : « Est-il permis, le jour du sabbat, de faire le bien, ou de faire le mal? De sauver une vie ou de tuer? » Mais eux se taisaient. Alors, promenant sur eux un regard de colère, navré de l'endurcissement de leurs cœurs, il dit à l'homme : « Étends la main. » Il l'étendit, et sa main redevint normale. Une fois sortis de la synagogue, les pharisiens se réunirent avec les partisans d'Hérode contre Jésus, pour voir comment le faire périr. »(Mc 3,1-6)

Deux récits qui nous rappellent que ce sont les critiques et les remises en cause des dictats du système religieux de son temps qui ont conduit Jésus à la passion et la mort. Sa pratique prophétique, sa parole, ses valeurs ont provoqué ses adversaires à manigancer sa perte et sa mort. La résurrection du matin de Pâques vient donc apposer un sceau sur sa pratique prophétique. Le Dieu-Père a reconnu en ce Jésus et en sa pratique prophétique, un véritable Fils de Dieu et l'a donc établi à sa droite pour nous rappeler que tous ceux qui endosseront cette pratique prophétique partageront également la gloire de sa résurrection. La véritable gloire, ce gourou pensait l'avoir trouvée dans ses pratiques de faire-valoir; le Christ l'a trouvée dans la lumière du matin de Pâques.

PARABOLE DES SEPT VASES REMPLIS D'OR

Un barbier passait dans un boisé lorsqu'il entendit une voix enjôleuse : « Tu aimerais posséder les sept vases remplis d'or? » « Bien sûr! » s'écria-t-il. « Alors, retourne chez toi et tu les y trouveras. » Le barbier rentra promptement chez lui. Effectivement, les sept vases trônaient au milieu du logis – tous remplis d'or, sauf un qui ne l'était qu'à moitié. Le barbier éprouva à cet instant un impérieux besoin de le remplir. Il vendit tous les biens qu'il jugeait superflus pour les convertir en or, qu'il déposa dans le vase à moitié plein. Mais le vase demeurait à moitié plein. Il s'acharna tout de même. Il épargna, lésina sur tout, se priva et priva sa famille, en vain : quelle que fût la quantité d'or qu'il déposait dans le vase, celui-ci ne se remplissait jamais.

Alors un jour, il demanda au roi une augmentation : on doubla son salaire. Et la bataille reprit pour remplir le vase. L'homme en vint même à mendier. Le roi finit par s'étonner de l'apparence misérable du barbier : « Que vous arrive-t-il, mon brave? Vous étiez si heureux auparavant. Depuis qu'on a doublé votre salaire, vous semblez abattu. N'auriez-vous pas les sept vases d'or en votre possession? » Le barbier s'étonna : « Qui vous a dit cela, Majesté? » Le roi se mit à rire : « Personne ne m'en a rien dit, mais vos symptômes parlent pour vous! Le fantôme m'a également offert ces sept vases il y a longtemps. Je lui ai demandé si l'argent pouvait être dépensé ou simplement entassé, et le fantôme à disparu sans mot dire. Cet argent ne peut être dépensé : il apporte seulement avec lui le besoin impérieux de l'entasser. Allez rendre les vases au fantôme et vous retrouverez le bonheur. » (Un conte d'Anthony De Mello)

Ce conte s'actualise constamment à travers le monde et les siècles. Qui n'aimerait pas posséder ces sept vases d'or lui assurant la puissance, le pouvoir, le prestige, l'ascendance? Qui n'aimerait pas un jour pouvoir contrôler les autres par la puissance de l'argent. Ce barbier rêvait de posséder sept vases bien remplis mais comme il en manquait un peu au septième, il en éprouva une immense déception. En effet, on est jamais assez riche et puissant car la richesse est une maitresse qui exige une soumission totale en rendant le cœur insensible aux détresses humaines. Elle exige qu'on la serve sans conditions. Cela explique qu'aujourd'hui les richesses de ce monde soient possédées par une infime partie de l'humanité. Tandis que quelques personnes vivent dans l'opulence, des masses humaines souffrent de maladies et de la faim. Ce drame des inégalités se perpétue au cours des siècles et sur tous les continents et est à la base de toutes les guerres, de toutes les révolutions, de tous les mouvements de libération.

Ce conte me rappelle une autre histoire. « Il y avait un homme riche dont la terre avait beaucoup rapporté. Il se demandait : « Que vais-je faire? Car je n'ai pas d'endroit où engranger ma récolte. » Puis il se dit : « Voici ce que je vais faire : je vais démolir mes anciens greniers, j'en bâtirai de plus grands encore et j'y entasserai tout mon blé et mes biens.» Et je me dirai à moi-même : « Te voilà enfin riche et avec des réserves pour de nombreuses années; repose-toi, mange, bois, fais bombance, gâte-toi! » Mais Dieu lui dit : « Insensé, cette nuit même on te redemande ta vie et ce que tu auras mis de côté, qui l'aura? » Voilà ce qui arrive à celui qui amasse un trésor pour lui-même au lieu de s'enrichir auprès de Dieu. » (Lc 12,16-21) Cette parabole de Luc nous pose la vraie question : être riche pour soi ou en vue du Royaume? Vivre centré sur soi ou vivre selon l'esprit du Royaume!

Dans la foi, nous réalisons que l'argent est un outil possible de promotion humaine et des valeurs du Royaume tout comme il peut devenir un outil de la promotion de soi et des valeurs étrangères au Royaume : puissance, exploitation, domination, faire-valoir. Jésus nous rappelle le danger des richesses et il nous rappelle que nous ne pouvons servir deux maîtres à la fois. « Faites-vous un trésor inaltérable dans les cieux; là ni voleur n'approche, ni mite ne détruit. Car où est ton trésor, là aussi est ton cœur. » (Lc 12, 33-34) Alors dis donc! Où est ton trésor?

Ces sept vases remplis d'or deviennent des symboles de notre quête d'absolu. Aurons-nous l'audace de choisir comme valeur absolue, la quête du Royaume, la quête de la vie éternelle en assujettissant tous les autres biens à cette quête? Vivons donc maintenant en endossant les valeurs du Sermon sur la montagne, en endossant les valeurs des Béatitudes pour nous maintenir dans ce Royaume et pour y grandir sans cesse. Nous découvrirons alors que ces vases d'or du conte ont rendu ce pauvre barbier esclave et désespéré. Le maître qu'il avait choisi de servir lui empoissonnait la vie. Il était loin de se retrouver sur le chemin de la plénitude de la vie impérissable.

PARABOLE DE LA MARGUERITE

Durant mon enfance, nous aimions bien, mes frères et moi, aller jouer au bois et nous rendre parfois au bout de la terre familiale. Là, en cet endroit, coulait un ruisseau aux eaux claires et fraîches et nous nous faisions des bouquets de marguerites quand arrivait le temps des foins. Ces belles fleurs blanches nous attiraient à la fois par leur beauté et leur simplicité et elles se faisaient abondantes sur les abords du ruisseau. Une belle couronne de pétales blancs s'ouvrait pour nous laisser voir un cœur d'or. La marguerite est généreuse de sa beauté et de sa belle livrée nuptiale. Elle annonce le temps chaud et sec de l'été. Nous nous amusions à arracher des pétales autour du cœur de la fleur en essayant de savoir ainsi si nous nous marierions un jour ou non. La marguerite est fidèle, vivace et elle demande un sol bien peu fertile; se contentant de peu, la marguerite arrive à nous émerveiller. Elle aime vivre en touffe rendant sa floraison encore plus attrayante. Cette plante appartient à la famille des chrysanthèmes mais elle porte un nom encore plus humble, celui de pâquerette des champs. C'est bien connu que le bonheur est plus durable quand on vit au ras des pâquerettes.

Ces marguerites toutes humbles et joyeuses nous donnent une belle leçon de vie. En effet, nous sommes appelés à fleurir dans le champ où la vie nous a plantés. La vie se passe ici et non dans des ailleurs illusoires. Assumer le terreau de notre vie, de ses pauvretés, de ses ambiguïtés et fleurir tout de même : voilà le défi de toute vie. Par la foi, nous sommes en mesure de voir l'invisible! Ainsi nous sommes en mesure de constater que nous sommes appelés à transformer le terreau de notre vie en tremplin vers la plénitude de la vie, à nous revêtir de la livrée nuptiale du salut comme font ces marguerites au début de l'été après avoir traversé la saison froide et éprouvante. Ces humbles marguerites nous annoncent une plénitude toujours possible à condition d'assumer les souffrances de ce temps présent.

« Quand on vit dans le Seigneur, le voile tombe. Or, le Seigneur, c'est l'Esprit, et là où l'Esprit du Seigneur est présent, là est la liberté. » (2 Co2, 17) Quand on vit dans la foi au Christ, le voile tombe et on voit les chemins de salut qui nous conduisent à la plénitude. Nous sommes déjà transfigurés en son image avec une gloire de plus en plus grande par l'action de l'Esprit. Nous sommes déjà fleuris de la gloire du Ressuscité et notre cœur est déjà doré de sa gloire comme ces marguerites ont le cœur doré sous le chaud soleil estival. Tandis que les incroyants ont le regard voilé, nous voyons déjà la gloire annoncée. Cette gloire viendra après que nous ayons assumé dans le terreau de notre vie, les mêmes engagements du Christ, la même passion pour la libération de l'humanité. Car le salut n'est pas une sortie et une fuite du terreau humain mais une consécration à la transformation de ce terreau en jardin de gloire.

Dans le Christ, chacun de nous est déjà passé vers la plénitude mais pas encore pleinement cependant. « Si donc quelqu'un est en Jésus Christ, il est une créature nouvelle. Le monde ancien (voué à la mort durable) s'en est allé, un nouveau monde est déjà né. » (2 Co 5, 17) Nous sommes déjà dans le salut à condition d'en produire des fruits pour y demeurer et y fleurir pleinement. « Celui qui nous a formés pour cet avenir, c'est Dieu lui-même qui nous a donné les arrhes, les premiers dons de l'Esprit. » (2 Co 5,5) C'est ainsi que ce qui est mortel en nous est englouti par la vie! En ce temps présent, nous cheminons par la foi et non par la vue et nous assumons le terreau de notre condition adamique afin de nous revêtir de la gloire du Ressuscité.

Décidément, ces marguerites si humbles et si discrètes en ont long à nous dire! Elles nous rappellent sans cesse que c'est en transformant le terreau de notre condition humaine, en assumant les souffrances du temps présent que nous sommes appelés à nous revêtir de la livrée nuptiale de la vie en plénitude comme le font ces marguerites aux abords du ruisseau et à présenter notre cœur pour que le Seigneur y ajoute le reflet de sa gloire.

PARABOLE DE LA MONTGOLFIÈRE

Ce matin-là, notre groupe partit au petit matin pour une expédition de deux heures en montgolfière au-dessus de la vallée de Gorëme en Cappadoce. Le pilote actionnait constamment le brûleur pour faire monter l'appareil toujours plus haut. Nous survolions un paysage de rochers tendres. Il y a des millions d'années, des volcans ont recouvert la Cappadoce d'une épaisse couche de tuf et de lave. Depuis, des concrétions rocheuses ont été façonnées par le jeu du vent et le ruissellement des eaux de pluie. On survole une contrée de contes de fées où alternent des collines et des vallées peuplées par ces géants de pierre. Le feu du brûleur fait un bruit assourdissant en nous rappelant la fragilité de notre berceau virevoltant au gré des vents tièdes. Plus le feu chauffe l'air de la montgolfière, plus nous montons pour voir au loin des paysages fantastiques, des collines percées de trous nous révélant ces multiples maisons et chapelles troglodytiques. Cette expédition en montgolfière me rappelle étrangement notre propre condition humaine virevoltant au gré des précarités de notre existence.

Nous sommes tous à bord de cette montgolfière de la vie et nous voguons au vent de l'Esprit tout en profitant du feu de son énergie. Nous voguons en nous rappelant que nous sommes des appelés au partage d'une plénitude annoncée : « Ton peuple accueillit le salut des justes car tu nous appelais pour nous donner ta gloire. » (Sg 18,8) L'humanité entière vogue au sein de cette montgolfière et pour voler toujours plus haut, elle doit se défaire de ses poisons : violences, injustices, guerres… Elle doit se défaire de ses entraves pour pouvoir être encore plus disponible aux vents de l'Esprit. Notre Église aussi doit se délester du poids de ses poisons pour devenir plus fidèle au souffle de l'Esprit qui fait toutes choses nouvelles. Cet Esprit de recréation du monde souffle inlassablement en nous appelant à nous délester de nos fausses sécurités, de nos fausses gloires. Nous sommes appelés par ce Dieu-Père qui veut nous donner sa gloire, sa plénitude à condition que nous réalisions notre précarité.
Cette montgolfière dans laquelle nous voguons sur les terres humaines porte un très beau nom, elle s'appelle le Royaume. Ce concept évoque donc une situation de vie à son meilleur. « Sois sans crainte, votre Père a trouvé bon de vous donner le Royaume. Vendez ce que vous avez, délestez-vous de tout ce qui vous attache. Faites-vous une bourse qui ne s'use pas, un trésor inépuisable dans le Royaume, là où le voleur n'approche pas, là où la mite ne ronge pas. Là où est ton trésor, là aussi est ton cœur. » (Lc 12, 32-34) Cette parole nous rappelle que pour voguer à bord de la montgolfière du Royaume, nous sommes appelés à nous délester de tout ce qui nous alourdirait et nous rendrait plus réfractaire à l'énergie de l'Esprit. À bord de la nacelle, nous sommes soumis à la contrainte du poids. Le commandant nous demande de laisser au poste d'accueil tout ce qui est lourd et inutile à l'expédition. Il en est de même pour quiconque veut se faire disciple du Christ et vivre dans le Royaume. « Restez en tenue de service, gardez vos lampes allumées. Soyez comme des gens qui attendent leur maître à son retour des noces pour lui ouvrir dès qu'il frappera à la porte. Heureux ce serviteurs que le maître trouvera en train de veiller. Il prendra la

tenue de service et les fera passer à sa table et les servira chacun à son tour. » (Lc 12, 35-37)

Mais si à bord de la nacelle du Royaume on était tenté de s'emparer de la gouverne en frappant les uns ou les autres, en faisant sentir le poids de notre pouvoir, alors au retour du Maître, on connaitra le sort du serviteur jeté parmi les infidèles. « À qui l'on a beaucoup donné, on demandera beaucoup; à qui on a beaucoup confié, on réclamera davantage. » (Lc 12, 48) Nous sommes à bord de cette montgolfière du Royaume. Le feu de l'Esprit fait gonfler notre montgolfière pour nous conduire là où nous appelle Celui qui veut nous donner sa gloire. Grâce à la foi, nous voyons l'invisible et nous sommes attirés par cette plénitude espérée.

Cette expédition en montgolfière au-dessus de la vallée de Gorëme en Cappadoce nous avait fait voir des réalités que l'œil n'aurait pas pu imaginer. Cette autre expédition vers le Royaume nous fait voir des réalités inespérées que l'œil de notre foi nous permet déjà d'entrevoir.

PARABOLE DU MOULIN À VENT

Il y avait jadis sur une grande île, au large sur le fleuve, un moulin à vent géant. Tous les paysans de l'île venaient y faire moudre leur grain. Ce moulin avait une certaine noblesse, il portait le nom de *moulin seigneurial*. Mais un jour, ce moulin traversa une grave crise existentielle. Alors qu'un vent violent, venu du large, agitait ses grandes pales en faisant un bruit effrayant, le moulin se rebiffa et tenta de faire rouler à l'envers ses grandes ailes dans un mouvement de révolte et de défi. C'est alors que se produisit ce qui devait arriver. Les grandes pales se fractionnèrent dès les premiers instants et dans un bruit terrible, tout le moulin se mit à se courber pour s'écrouler totalement. Le désastre fut total et tous les paysans se virent privés de leur moulin. C'est ce qui arrive quand on cesse d'être fidèle à sa nature, à son essence, à son appel. Marcher à rebours c'est s'exposer à la rupture.

Cette parabole du moulin à vent nous rappelle que nous sommes appelés à exposer les grandes pales de nos vies au vent de l'Esprit. Ce vent nous alimente d'énergie spirituelle et nous permet de moudre sous les pierres de l'épreuve, les grandes illusions et les fausses gloires qui exposent leur mirage sur les routes de nos vies. Il arrive parfois que nous ayons le désir de faire tourner nos moulins à vent selon les soifs et les appétits qui nous assaillent. C'est alors que nous versons dans les tentations de violence, de domination, de possession et de contrôle. Il arrive aussi que nous options de fournir à notre moulin notre propre vent en pensant que c'est par nous-mêmes que nous nous donnerons notre propre plénitude, notre propre salut. D'aucuns prétendront que c'est par la pratique de notre propre justice que nous nous assurerons notre propre plénitude. « C'est par foi au Christ Jésus que l'homme devient sauvé et non par la pratique de la loi de Moïse. C'est cette loi qui a fait périr le Christ! J'ai cessé de vivre pour la loi afin de vivre pour Dieu. Si c'est par la loi qu'on devient sauvé, Christ serait donc mort pour rien. » (Gal 2, 19-21) En effet, c'est la vie et sa pratique évangélique, la mort assumée ainsi que les souffrances du temps présent et la résurrection qui sont chemins de salut! C'est dans l'unité de ces étapes que le parcours de Jésus dans sa totalité dévoile son sens et sa valeur de salut. Le Christ est venu nous montrer comment nous exposer au vent de l'Esprit pour moudre sous les pierres de notre moulin les fausses gloires en nous afin que nous produisions les fruits de l'Esprit : amour, joie, paix, patience, bonté, bienveillance, foi, douceur, maîtrise de soi. (Gal 5, 22) Nous pourrions certes choisir quel vent convient à notre moulin mais si nous acceptons que notre moulin à vent s'expose au vent de l'Esprit, notre blé sera moulu afin de devenir un pain de vie impérissable.

C'est le théologien François Varillon qui affirmait que Dieu n'est pas immuable mais souffrant et passible car il n'est qu'amour. Il souffre de l'amour qui n'est pas assez aimé! Il souffre d'une passion d'amour, d'une surabondance d'amour. Sa toute-puissance est donc une toute-puissance de l'amour. Dieu est tout-puissant seulement par la puissance de son Amour. S'exposer au grand vent divin c'est donc accueillir son désir d'amour sur nous, son salut, sa plénitude, sa miséricorde. Exposer les grandes pales de mon moulin à vent, c'est permettre à son Souffle créateur de faire naitre en moi mon humanité profonde et réelle. « On sent qu'on souffre, on ne sent pas toujours qu'on aime et c'est une grande souffrance de plus! Mais on sait qu'on voudrait aimer, et vouloir aimer c'est aimer. » (Charles de Foucault) Aimer et laisser le vent de l'Esprit m'apporter son énergie créatrice, « c'est faire permettre qu'advienne en moi ce qu'il y a en moi de plus grand que moi! » (Maurice Zundel)

Ce grand moulin à vent complètement démoli et gisant comme un tas de ruines sur le grand coteau de l'île, nous apprend une grande leçon de vie. Vaut mieux s'harmoniser avec les vents créateurs du Souffle divin que de s'exposer aux bourrasques des vents contraires. Le Souffle divin met en branle les rouages de mon moulin intérieur, y broyant sous les pierres de la meule, les grains de la terre humaine pour nous faire produire un pain de vie à la manière de Celui qui a fait du pain partagé et broyé en communion, un mémorial de sa présence et de son salut.

PARABOLE DU BONSAÏ

Le maître était à son atelier entouré de ses élèves, tout soucieux de transmettre son art bimillénaire : l'art du bonsaï. Il y a, disait-il à ses disciples, plusieurs manières de tailler les arbres en pot : en forme de paysage, en cascade, en forêt, sur une roche, incliné ou encore en sinuosité ou tout droit. Cet art répond à un ensemble de codes, de canons de la beauté. Cet art du bonsaï nous vient de la Chine mais il s'est davantage développé au Japon vers le 10e s. Ce serait un moine bouddhiste chinois qui aurait apporté un premier bonsaï au Japon pour l'offrir en cadeau. Cet art nous rappelle que la nature ainsi disciplinée et taillée et recréée à échelle réduite devient ainsi marquée par la gloire humaine. Le maître tenait à ce que ses disciples intègrent bien les codes afin que son art se perpétue dans toute sa rigueur. Pour lui, les codes devaient prévaloir sur toutes tentations de laisser libre cour à la créativité.

La parabole du bonsaï me rappelle que les codes ont préséance dans les domaines de la danse, de la peinture, dans les systèmes des religions. Ainsi, la pratique méticuleuse de la loi de Moïse devenait ainsi une manière d'acquérir par soi-même un droit au salut. Cette loi de Moïse, gravée sur la pierre, avait déjà une grande gloire quoique que passagère. Cette loi, disait l'apôtre Paul, accomplissait pourtant un ministère de mort! (2 Co 3,7) Cette loi de Moïse apportait des condamnations! Combien plus alors la nouvelle alliance apportée par le second Moïse, le Christ, apporte donc une plus grande gloire encore, une plus grande plénitude de vie encore car c'est l'Esprit qui fait vivre alors que la lettre tue! (2 Co 3,6) « Non, vraiment, ce qui a été si glorieux (la loi du premier Moïse) ne l'est plus du tout, parce qu'il y a maintenant une gloire qui dépasse tout. Ce qui ne durait pas rayonnait déjà de gloire; alors ce qui demeure aura infiniment plus de gloire. » (2 Co 3, 11) Le Christ vient donc nous tailler par sa parole afin que notre fruit soit plus abondant et que notre fruit demeure et fasse la gloire de Dieu. (Jn 15,16) Il arrive que les règles et les commandements si chers aux tenants et aux chefs religieux ne servent qu'à contrôler ou à exclure des personnes. C'est alors que la loi tue! C'est l'Esprit qui vivifie, nous rappelle le Christ. Les lois ne sont que des indications de route, c'est le Christ qui est le Chemin et la Vie! Les prophètes n'ont cessé de répéter au cours des siècles que le Seigneur aime que notre cœur soit proche du sien. « Ce peuple m'honore des lèvres mais son cœur est loin de moi… » (Matt 15,8) Un prophète actuel vient encore de nous adresser un message de courage et de conversion. Sera-t-il écouté ou méprisé et fermé? Ce prophète c'est Hans Küng qui vient de publier : *Peut-on encore sauver l'Église?* (Ed. du Seuil, Paris, 2012) Dans son livre, ce grand théologien allemand nous partage sa souffrance devant la situation de l'Église. « J'aurais préféré ne pas avoir à écrire ce livre! » nous confie l'auteur. L'Église est malade et son mal remonte au XIe s avec la création du système romain. Dans ce système, écrit l'auteur, le droit canon, la loi, a préséance sur l'Évangile! Pour Hans Küng, un virage en cinq points s'impose pour redonner à l'Église un nouveau souffle, celui de l'Esprit, car c'est l'Esprit qui vivifie tandis que la lettre tue toujours. Voici donc les cinq points en question : 1) cesser de considérer les laïcs comme des subalternes et les intégrer pleinement dans les structures et la direction de l'Église; 2) mettre fin au cléricalisme et au carriérisme; 3) mettre fin à la primauté du droit canon et des dogmes sur les véritables valeurs chrétiennes; 4) l'abandon du modèle monarchique papal; 5) l'abolition de toute inquisition, condamnation ou excommunication. Enfin, Hans Küng suggère l'autorisation du mariage des prêtres, l'ouverture des ministères aux femmes, l'implication des prêtres et des laïcs dans le choix des évêques.

Ce théologien audacieux sera-t-il accueilli avec ses propositions prophétiques ou ignoré comme jadis on traitait les prophètes pour les faire taire. Qu'est-ce qui est le plus important : l'art de tailler les bonsaïs comme on le faisait il y a deux mille ans en Chine ou encore permettre à cet art de trouver une inspiration nouvelle, fidèle aux canons de la beauté telle que perçue maintenant? Quand les disciples repartaient à la maison, le soir venu, le maître admirait ces arbres tout en se demandant si son art franchirait les siècles à venir. Le vieux théologien allemand se posait les mêmes questions devant les souffrances de son Église ainsi soumise aux obligations de son système.

PARABOLE DE LA ROSE

Dans le jardin, à l'arrière de la maison, deux enfants sont accroupis et regardent attentivement la plate-bande aux mille fleurs. Soudain, leur regard est attiré par un rosier magnifique en plein floraison. Parmi les fleurs on peut apercevoir encore des boutons de rose. Alors Nathan dit à son compagnon Ludovic : « Tu sais, il y a deux sortes de roses, celles qui sont pleinement écloses et les autres qui ne sont que des boutons. » Mais alors Ludovic montre son désaccord en disant : « Tu n'y comprends rien! Les boutons que tu vois sont des roses qui n'ont pas fini de fleurir! » Et les enfants ne s'entendent pas sur la question et le ton monte. Le ton monte si bien que la maman s'approche d'eux pour leur expliquer comment les boutons deviennent des roses en pleine efflorescence. C'est alors que les roses acceptent de montrer leur riche intériorité. C'est bien connu que de loin on ne voit que des boutons de roses mais de proche, on peut voir le cœur des roses.

Cette histoire me rappelle ce que nous constatons jour après jour dans l'expérience spirituelle des gens. Pour certains, Dieu n'est qu'un bouton de fleur, dur, fermé sur lui-même et surtout, renfermé dans sa puissance menaçante dont il faut se prémunir par des gestes méritoires. Ce Dieu au cœur raidi comme ce bouton de rose devient alors la source des révoltes et des récriminations. Quand nous nous approchons de la rose, on peut découvrir sa riche vie intérieure et son cœur merveilleux. Quand nous laissons nos préjugés de côté, quand on se met à l'écoute de la Parole, on découvre un Dieu tout autre, un Dieu riche en puissance amoureuse. Il en est ainsi pour les personnes qui partagent notre vie. D'abord on est tenté de ne voir qu'en elle le bouton dur, fermé. Mais quand on ose l'approche, on fait l'expérience de l'autre sous un jour nouveau. Il arrive aussi que des personnes n'arrivent pas à fleurir dans la vie, dans l'amour, dans le travail. À cause des peurs, des blessures, des exclusions, elles n'arrivent plus à permettre que le désir ouvre le bouton de leur cœur en rose pleinement épanouie. Nous touchons ici le drame humain oscillant entre les allégresses et les détresses.

Le Dieu de notre foi, est le Dieu qui s'est fait présent par sa Sagesse qui organise ce monde pour en faire un jardin dédié au bonheur de l'humanité. Dans ce jardin, Dieu par sa Sagesse se fait le maitre d'œuvre, il établit les fondations de ce monde et il trouve sa joie et ses délices avec les enfants des hommes. (Prov. 8, 31) Dans sa lettre aux Romains, l'apôtre Paul nous dira que nous sommes en paix, en communion avec Dieu par notre Seigneur Jésus Christ puisque par la foi, nous sommes ajustés à ce Dieu qui trouve sa joie en nous. Dieu nous a donné par la foi, l'accès au monde du salut, au monde de la vie éternelle et impérissable. « Notre orgueil à nous c'est d'espérer avoir part à la gloire de Dieu, donc à sa plénitude de vie. » (Rom. 5, 2) Notre foi ne nous met pas à l'abri des détresses. Mais la détresse nous provoque à la persévérance, la persévérance nous provoque à la maturité spirituelle, à l'espérance et l'espérance nous soutient dans la découverte de l'intimité amoureuse de Dieu. Nous faisons alors l'expérience du cœur de ce Dieu dont l'amour fleurit de toutes les roses de ce monde.

Il est arrivé souvent dans le passé que nous ayons utilisé les outils qu'affectionnent les tenants des religions pour maintenir des privilèges, du pouvoir, du prestige. Pour y arriver, on a manié le spectre des peurs en faisant de Dieu, un être jaloux, vindicatif. Le Dieu dévoilé par les Évangiles, est le Dieu de la joie, de la fête, de la miséricorde. Le Dieu de notre foi est un Dieu qui souffre parfois de trop aimer; il nous désarme par les forces de sa compassion. C'est un Dieu qui souffre du mal qui nous afflige. J'aime bien ce passage d'un texte de Jacques Gauthier publié dans le *Prions en Église* du 26 mai 2013 : « Dieu est frappé en chacun de nous par le mal qui nous affecte. Chair traversée de frissons et de larmes, chair à sueur et à sang. Jésus souffre et meurt avec nous, sans jamais cesser d'être heureux…Mystère d'un Dieu de compassion qui est toujours là, puisqu'il est proche de nous, dans le « ciel de notre cœur ». Il est descendu où il a toujours habité. »

Dans le jardin de ce monde, au milieu des rosiers en boutons et en fleurs, les fils et les filles de l'humanité font les délices de ce Dieu tantôt perçu par les uns comme n'ayant qu'un cœur en bouton, bien fermé et par durci; tantôt perçu par les autres, comme cette rose au cœur pleinement fleuri en tendresse et en compassion. Ces deux enfants accroupis au pied du rosier ont-ils enfin découvert le secret des roses…

PARABOLE DES ARBUSTES ÉTÊTÉS

Nous marchions, un ami et moi, sur la route ceinturant le lac et soudain, je remarquai des arbustes qui avaient été étêtés depuis un certain temps, par la lame de la charrue lors du déneigement de la route. Ces arbustes avaient perdu leur tête mais ils ne s'étaient pas laisser abattre pour autant. Là où la tête avait été rasée, plusieurs autres tiges s'étaient mises à surgir pour former une couronne de pousses vigoureuses assurant à l'arbuste blessé une possible fierté et un avenir tout aussi prometteur. Je faisais remarquer à ce compagnon de marche comment la nature nous offrait des modèles silencieux mais combien éloquents de résilience, de relèvement. Nous sommes en mesure de constater continuellement des phénomènes du genre aussi bien dans la nature que chez des personnes courageuses ou encore chez des animaux qui ont relevé des défis d'adaptation suite à des accidents terrifiants.

Nous le savons bien et l'expérience nous le rappelle tous les jours, dans la vie TOUT EST DON, RIEN N'EST DÛ! Ce don de la vie doit s'inscrire dans la précarité et dans les limites diverses. Nous sommes donc des êtres précaires, à la fois merveilleux et fragiles. Après avoir assumé notre condition humaine, nous serons en mesure d'apprécier la gratuité de l'amour, de la beauté, du plaisir. Nous sommes en mesure également de constater qu'à la suite d'un accident, d'un risque causé par la négligence de quelqu'un, notre vie pourrait s'écrouler. Nous aurions alors un immense défi à relever : se laisser choir ou se reprendre courageusement en main. Lutter pour assurer à notre vie une couronne de tiges nouvelles ou démissionner et sombrer dans la désespérance. Voilà donc le terrible dilemme qui s'ouvrirait devant nous. Aurions-nous alors des amis capables de nous porter le temps nécessaire pour que nous arrivions nous-mêmes à nous relever? Tout est là! Notre vie est précaire mais elle est ouverte à un immense avenir comme nous le rappellent les audacieuses propositions de notre foi chrétienne.

Il arrive que certaines paroles de l'Évangile soient comme des phares dans la nuit de notre précarité : « Celui que Dieu-Père a envoyé dit les paroles du Dieu-Père car Dieu-Père lui donne l'Esprit sans compter. Le Père aime le Fils et a tout remis dans sa main. Celui qui croit au Fils a déjà la vie éternelle; celui qui refuse de croire au Fils ne verra pas la vie éternelle, mais la colère de Dieu demeure sur lui. » (Jn 3, 31-36) Si nous ne sommes que terrestres, terre à terre, nous ne verrons pas les réalités spirituelles qui nous enveloppent. Certains scientifiques affirment que seules les réalités tangibles existent réellement car elles sont vérifiables par la méthode scientifique. Force est de constater cependant que beaucoup d'autres réalités existent tout en échappant à la méthode scientifique : l'amour, la joie, la détresse, la considération, l'espérance… Tout en ayant une immense admiration pour la science, il n'en demeure pas moins que nous sommes aux prises tout de même avec les mêmes questionnements existentiels. Nous ne sommes pas seulement terrestres, nous sommes également ouverts au divin et à ses propositions de plénitude et de salut. Le Dieu-Père qui a tout remis sans compter à son Fils veut que nous partagions sa plénitude et il a chargé le Fils de nous révéler ce grand projet de salut, de vie. Celui qui croit au Fils est déjà entré dans un processus de vie éternelle. Celui qui refuse de croire, celui qui ne veut vivre que dans les limites du terrestre, s'échappe lui-même de ce possible salut. Alors la colère de Dieu demeure sur lui. Mais que signifie cette colère de Dieu? La colère de Dieu, ce n'est pas une offensive de représailles ni de vengeance ni de punition! La colère de Dieu est donc cette profonde souffrance de Dieu devant notre enfermement et notre refus de plénitude. La colère de Dieu est cette déception amoureuse qui le fait souffrir de nous voir échapper à son amour. La colère de Dieu est cette provocation à la patience et à la miséricorde qui habitent son cœur paternel. La colère de Dieu demeure donc sur le terrestre qui refuse le divin et la plénitude afin qu'il ne soit perdu dans la précarité. La colère de Dieu est donc ce retournement du cœur qui pousse le Dieu-Père à faire en sorte que personne n'échappe à son amour. Le Dieu-Père aime le Fils et dans le Fils, chacun de nous est aimé pleinement et reçoit sans compter ce que le Fils reçoit en plénitude du Père.

Les arbustes êtêtés observés sur les abords de la route ceinturant le merveilleux lac deviennent donc porteurs d'un message de relèvement, d'espérance, de résilience, de transformation. Il est vrai qu'on ne grandit pas dans la facilité. L'adversité provoque le terrestre précaire qui habite en moi à se tourner vers des réalités plus célestes, des réalités de plénitude.

PARABOLE DU NUAGE LISERÉ D'OR

Il m'arrive à certains jours de fin d'été d'être émerveillé par la beauté des nuages blancs et globuleux. Parfois, le soleil aime se cacher derrière ces nuages comme s'il voulait prendre sa pause-santé. Alors, il se produit un phénomène remarquable. Ces nuages passant devant le soleil deviennent liserés d'or, de lumière. Leurs contours deviennent lumineux et précieux. Si le soleil revient reprendre cette place qui lui revient de droit, alors ces mêmes nuages perdent leur or et deviennent tout simplement blancs et parfois, légèrement teintés d'orange. Ces cumulus savent depuis toujours que sans la lumière du soleil, ils perdraient toute leur lumière glorieuse. Le soleil de fin d'été ou d'automne s'amuse à nous créer des décors imparables comme s'il voulait se faire pardonner de quitter de plus en plus son zénith, comme s'il voulait nous annoncer ses quartiers d'hiver.

Cette parabole du nuage liseré d'or nous apprend une grande leçon de foi. Nous sommes tentés parfois de croire que le Dieu-Père serait jaloux et mesquin de notre possible gloire et qu'il serait tenté de nous la ravir ou encore de la rendre plus fade en l'éclaboussant de sa gloire comme ce soleil qui quitte le voile des nuages pour nous éclabousser d'une abondante lumière chaleureuse. Mais à bien y penser, il est étonnant de constater comment le Dieu-Père se fait discret en ce monde et comment sa providence se voile derrière tous ses engagements généreux des chercheurs, des médecins, des thérapeutes et de toutes ces personnes qui vont avancer l'humanité vers son achèvement. Le Dieu-Père aime bien se voiler derrière ces nuages afin qu'ils se revêtent de gloire et qu'ils deviennent liserés d'or, de plénitude. Tandis que les dieux des mythologies grecques ou latines, voire orientales, se méfient des humains et en sont jaloux dans la peur de leur révolte possible, le Dieu-Père nous révèle un visage tout autre. Il est le Dieu-Père qui veut que nous ayons la vie et que nous l'ayons en abondance. (Jn 10,10) La vie en abondance, c'est déjà l'avènement du Royaume, puisque Dieu règne dans l'existence humaine. Citons ici François Varone : « Le Royaume, c'est quand Dieu règne dans l'histoire des hommes, quand l'homme accueille la vie qui vient de Dieu, puis la prolonge vers les autres en agissant dans la justice, en aimant avec tendresse et … qu'il offre toute cette vie en retour à Dieu dans la jubilation de la reconnaissance, dans l'adoration en esprit et en vérité, alors vraiment Dieu règne et par l'homme, son règne va prendre forme dans l'histoire, annonçant et préparant le monde nouveau où la justice de Dieu régnera pleinement. » (In Ce Dieu absent qui fait problème, p. 183)

La lumière du cumulus lui vient du soleil, il en est porteur mais il ne peut prétendre en être la source. Il en est ainsi de l'homme, il est porteur de cette gloire que le Dieu-Père et créateur lui a partagée par pur amour mais il n'est pas la source de cette gloire, de cette plénitude. C'est par la prière que l'homme acceptera que la lumière et la gloire divine l'imbibent et le comblent, que son existence devient ainsi liserée d'or. Prier c'est communier à l'amour plénier et discret du Dieu-Père. C'est sur nous que la prière agit, pas sur le Dieu-Père. Si je prie en pensant pouvoir agir sur Dieu, c'est comme attendre que la pluie mouille le lac. La prière existe pour me soutenir dans ma quête de plénitude, dans mon espérance. La prière me maintient en désir du Royaume et dans l'agir du Royaume.

Les trois premières demandes de la prière que Jésus nous a apprise concernent le Royaume achevé, le monde nouveau et recrée dans l'Esprit-Saint. Ce Royaume a été inauguré dans l'événement pascal du Christ. Les trois dernières demandes parlent du Royaume à court terme, celui du royaume où l'humanité autonome et responsable croise constamment les drames de sa précarité. Un jour, ces deux Royaumes se confondront en un seul, le jour où Dieu sera tout en tous. Nous vivons dans le septième jour de la création, ce jour où Dieu se repose en nous laissant toute notre autonomie. Nous vivons le septième jour en attendant et en hâtant l'avènement du huitième jour, ce jour où nous passerons pleinement dans ce Royaume achevé. Quand nous demandons au Seigneur de nous donner le pain de ce jour, nous lui demandons ce pain du huitième jour, ce pain signe de cette plénitude annoncée. Ce nuage liseré d'or annonçait donc cette gloire possible pour nous comme elle était devenue possible pour lui.

PARABOLE DU CERF-VOLANT

On raconte qu'un jour, un cerf-volant nommé Fend-le-Vent, se plaignit que la corde qui le retenait le frustrait au plus haut point. Il aurait voulu fendre l'air et le vent à sa guise sans avoir à toujours tirer sur cette corde qui lui rappelait son lien, ses limites. Il rêvait tellement de grands espaces qu'il aurait pu connaître sans avoir à vivre la frustration de la corde. Un jour, par grand vent, alors qu'il virevoltait à sa guise en touchant presqu'aux nuages, la corde qui le retenait depuis toujours se brisa et Fend-le-Vent put enfin voler selon les caprices de ce vent impétueux. Il connut enfin l'ivresse de la liberté, de la fantaisie. Le vent l'emporta ainsi au septième ciel et il connut l'extase des cimes. C'est alors que le drame se produisit. Le vent tourbillonnant le précipita vers les grands arbres de la forêt et il se déchira dans les branches et resta emprisonné dans l'enchevêtrement des feuillages. C'est là que Fend-le-Vent termina sa course aux étoiles et qu'il sombra ainsi dans l'effacement de la mort.

Nous ressemblons étrangement à ce cerf-volant. Nous sommes tous des Fend-le-Vent qui rêvent de liberté, de fantaisie, d'affranchissement de toutes limites. Mais la corde de notre précarité humaine nous rappelle sans cesse notre enfermement dans des contingences de temps, d'espace, d'usure, de traditions. Notre vie oscille sans cesse entre les appels de notre désir et les rappels de notre corde. Il se produit en nous un incessant mouvement entre l'envol et le poids de notre condition humaine. Nous sommes habités par cette tension qui alimente notre soif de libération. Ce combat incessant entre l'esprit et la chair est au cœur de notre vie. Cette même tension existe dans tout cheminement spirituel. Nous sommes appelés à vivre une expérience de libération tout en étant contraint par la corde de la tradition religieuse.

C'est cette expérience déchirante qu'a vécue notre père dans la foi. Abraham est appelé à se rendre au pays de Moriah pour offrir son fils unique en sacrifice. En effet, chez les Ammonites, on avait coutume d'offrir en sacrifice les premiers-nés. En agissant ainsi, ces païens pensaient pouvoir agir avec puissance sur leur dieu Moloch afin qu'il leur soit redevable. Abraham pensait donc devoir imiter ces sacrifices païens pour prouver sa fidélité au Dieu de sa foi. Le récit biblique du sacrifice d'Abraham est l'un des plus tragiques qui soit. (Gen 22, 1-19) On pressent chez Abraham le déchirement et le doute. Comment le Dieu de sa foi peut-il ainsi lui demander de sacrifier le fils de la promesse. Peut-être qu'Abraham songeait-il que ce Dieu audacieux pouvait aller jusqu'à ressusciter son fils ainsi sacrifié? Dans le récit, Isaac pressent lui aussi l'angoisse de la scène : « Voilà le feu et le bois, mais où est l'agneau pour le sacrifice? » Puis vient le moment fatidique où le père lie le fils pour l'immolation. C'est là que Dieu intervient par la main de l'Ange : « Ne porte pas la main sur l'enfant. Je sais maintenant que tu ne m'as pas refusé ton fils unique. » Par la suite, la scène se termine par des bénédictions et des rappels des promesses de l'alliance. Est-ce qu'Abraham a vécu lui aussi le drame de la foi, ce tiraillement entre la corde et l'envol. Retenu par la corde des pratiques païennes de son temps, pensait-il qu'il devait vivre son cheminement de foi en restant attaché à cette corde? Le Dieu de sa foi lui rappelle qu'il est appelé à lâcher cette corde de la tradition païenne pour une nouvelle expérience spirituelle, devenant ainsi le père de la foi biblique.

Il en est ainsi pour nous maintenant. Nous vivons le tiraillement entre le poids de la tradition religieuse et les appels de l'envol spirituel. Certes, nous avons besoin d'une corde qui nous retienne dans les moments de bourrasques dans la vie. Mais aussi il faut que la corde soit assez longue et souple pour nous permettre l'expérience de la libération spirituelle, l'expérience des appels à vivre déjà dans le Royaume. Tout est affaire d'équilibre entre tradition religieuse et pratique d'une vie de foi. Tout est affaire d'équilibre entre la tension de la corde et les appels à vivre l'Alliance. La corde est un outil pour éviter de se perdre mais c'est le vent de l'Esprit qui fait vivre. La corde qui nous retient dans notre quête de plénitude ne ressemblerait-elle pas à celle dont nous parle le prophète Osée? Voici donc cet extrait merveilleux : « Quand Israël était enfant, je l'aimai et de l'Égypte j'ai appelé mon fils. Mais plus je l'appelais, plus il s'éloignait de moi. Moi cependant je lui apprenais à marcher, je le prenais dans mes bras, je le menais avec de douces attaches, avec des cordes d'amour! » (Os 11, 1-4)

PARABOLE DE LA GRUE

Un jour, un aigle eut maille à partir avec un faucon et il convoqua toute la gent ailée à s'assembler pour régler le différent. Sentant que la faveur populaire lui échappait de plus en plus, le faucon se réfugia dans le creux d'un rocher voisin. Les oiseaux tentaient de le faire sortir de sa cachette mais sans succès. C'est alors que la grue s'offrit pour déloger le rapace. Tous les oiseaux, en se moquant de la grue, l'encouragèrent à tenter l'aventure. La grue s'approcha du rocher et entra son long bec pointu dans le trou du rocher. Soudain, le faucon passa à l'attaque et blessa la grue à la tête avec ses serres acérées. La grue se débattit si vivement qu'elle réussit à se dégager en soulevant un nuage de plumes ensanglantées. Tous les oiseaux se moquaient d'elle tant et si bien que la pauvre grue décida sur le champ de quitter les lieux et de partir le plus loin possible pour échapper aux railleries de sa communauté. Elle filait ainsi vers le sud quand elle rencontra une amie sur sa route. Cette amie lui demanda où elle allait ainsi, les plumes ébouriffées et l'allure toute déglinguée. Alors la grue lui raconta sa mésaventure et surtout comment elle s'était couverte de ridicule par sa pitoyable tentative d'éviction du faucon. Son amie, une mouette, lui dit alors : « Mais as-tu réalisé que tu transportes dans ta fuite, l'objet même de ta déroute, ce long bec? Comme il ne t'est pas possible de t'en défaire, retourne donc dans ta communauté et fais-toi oublier en tirant leçon de cette tentative farfelue! » La grue rentra au pays en se méfiant davantage de sa cervelle d'oiseau. (D'après une fable de Marie de France)

La sagesse nous apprend à assumer nos fragilités, nos limites. Elle nous apprend également à être fidèles à notre être, à nos capacités. Il serait tellement facile de fuir notre réalité et de se projeter ailleurs en nous rendant vulnérables. Cela me rappelle cette histoire d'une dame qui nourrissait soigneusement sa poule avec le meilleur grain possible. Mais la poule continuait malgré tout à picorer un peu partout pour trouver sa pitance et surtout, pour résister à la tentation facile de faire reposer sur les autres sa survie. Elle demeurait fidèle à son être. Mais comment demeurer fidèle à son être quand les tentations des fausses gloires se font nombreuses et séduisantes. Comment trouver sa plénitude en ne se laissant pas séduire par des faux-paradis? Assumer sa finitude, sa précarité pour transformer les souffrances et les épreuves en tremplin vers cette quête de plénitude, voilà ce défi que refusait d'assumer cet arpenteur ivre qui accusait sa perche de lui fournir des données erronées. C'est alors que la perche dit à cet arpenteur chancelant : « Tu as tort, ce n'est pas moi qu'il faut blâmer, ce n'est pas moi qui me suis trompée! Mais cet homme en place fait-il une faute, il la rejette sur quelque autre et il s'en prend à lui! » Cette histoire nous rappelle bien la nécessaire sagesse d'assumer nos joies et nos peines, nos réussites et nos échecs. Il est sage d'assumer dans sa vie les choses qu'on ne peut changer, de changer dans nos vies les choses qui nous sont possibles et la sagesse de réaliser la différence. Cette prière que prononcent les personnes qui cheminent dans des groupes de soutien en désintoxication résume en quelques mots ce merveilleux projet de libération dans lequel elles évoluent à travers les conquêtes et les rechutes.

On raconte qu'un jour les oiseaux de la forêt s'étaient réunis pour s'élire un roi. Alors qu'ils étaient tous réunis dans le grand chêne à l'orée des bois, ils entendirent un coucou qui chantait à quelques mètres de là. Ravis par la beauté de son chant, impulsivement ces oiseaux voulurent le choisir comme roi. L'aigle qui pensait devoir tenir d'office ce rôle princier émit alors de vives réserves. Les oiseaux se mirent à piailler encore plus fort et l'assemblée devint houleuse. Une mésange alors se proposa pour aller voir de plus près cet oiseau charmeur. Comme la mésange a une réputation d'oiseau sage et discret, l'assemblée la chargea d'aller sonder le terrain. Ce coucou n'a pourtant pas bonne presse car il squatte les nids des autres pour y déposer ses œufs. La mésange l'examinait de tous bords et de tous côtés et elle en vint à se percher au-dessus de lui pour voir comment il réagirait si elle échappait par hasard au dessus de sa tête un petit quelque chose. Si tôt dit, si tôt fait! Le coucou se secoua la tête et resta de glace. À son retour, la mésange raconta en détails tout ce qui s'était passé et l'assemblée en vint à la conclusion qu'il vaudrait mieux élire comme roi quelqu'un qui a du panache, du pouvoir, de la puissance et du prestige. C'est alors que l'assemblée appela l'aigle à tenir ce rôle du roi. (D'après une fable de Marie de France)

Rappelons-nous ces paroles de l'Évangile : « Vous le savez ceux qu'on regarde comme chefs des nations païennes commandent en maître et font sentir leur pouvoir. Parmi vous il ne doit pas en être ainsi, Celui qui veut se faire grand et puissant, qu'il se fasse dernier et serviteur... » (Mc 10,42-43) Le prestige, la puissance, le pouvoir, l'argent... des gloires humaines et éphémères dont les assises reposent sur l'intimidation, le taxage, l'exploitation...Refuser les fausses gloires, servir et non pas être servi : des appels de l'Évangile encore pertinents aujourd'hui! Tout en étant fidèles à la précarité de son être, nous sommes appelés par ce Dieu-Père si riche en gloire ou en plénitude d'être à entrer dans sa joie pour rendre fort ou comblé l'homme intérieur, l'homme spirituel. (Cf. Éph.3,14-21) Nous sommes promis à de grandes gloires, à un grand avenir à condition d'assumer notre précarité humaine et de la transformer en tremplin vers la plénitude. Cela me rappelle cette histoire d'un moine qui voulait apprendre à parler à ce loup qu'il avait apprivoisé sinon détourné de sa véritable condition d'être. Le moine s'acharnait à lui montrer l'alphabet et le langage. Mais le loup n'arrivait qu'à prononcer péniblement un pauvre mot. Toujours le même! « Ouooooh! » Ce loup demeurait fidèle à la vérité de son être! Le serons-nous tout autant en accueillant en nous cet appel à la plénitude que nous fait entendre le Dieu-Père si riche en gloire?

PARABOLE DE LA COLOMBE QUI VOULAIT DEVENIR ENFIN MÈRE

Une colombe gémissait de ne pouvoir devenir mère. Elle avait fait cent fois tout ce qu'il fallait faire pour en venir à bout, mais rien ne réussissait. Un jour, se promenant dans un bois solitaire, elle fit la découverte d'un nid contenant un œuf abandonné ni trop gros ni trop petit, semblable aux œufs des tourterelles. Quel bonheur! Je pourrai enfin, se dit-elle, couver et puis nourrir, puis élever un enfant qui fera le charme de ma vie! Tous les soins qu'il m'en coûtera, les tourments qu'il me causera, seront encore des biens pour mon âme ravie; quel plaisir vaut ces soucis-là? Cela dit, la colombe s'établit dans le nid et le couva vingt et un jours; elle voit enfin naître celui dont elle attend son bonheur car l'amour nourrit les mères. Auprès de son petit elle veille jour et nuit, l'écoute respirer, le regarde dormir, s'épuise pour bien le nourrir. L'enfant chéri vient à merveille, son rejeton grossit, bien différent de celui des tourterelles! La mère lui enseigne la paix pour être heureux, la paix avec soi-même et avec les autres, précise-t-elle! Il faut aimer les premiers, apprend-elle à cet enfant. Mais un jour, un jeune pinson, échappé de son nid, vient s'abattre auprès de la mère et de l'enfant. Le jeune nourrisson à peine l'aperçoit-il qu'il courut vers l'oisillon. La mère pensa que son enfant allait lui porter secours et le traiter comme un frère et offrir à ce jeune pinson une retraite hospitalière. La mère se réjouissait déjà de voir son fils mettre en pratique ses leçons de vertu et de sagesse. Mais voilà que le fils saute sur le faible oisillon, le plume, le mange et garde au milieu de ce carnage, un terrible sang froid. La colombe réalise que le cœur ne peut se corriger, rien ne change la nature et le caractère car ce fils était de la descendance des rapaces. Quel triste prix, reçut la mère, pour les soins donnés à cet enfant! (Une fable de Jean-Pierre Claris de Florian)

Rien ne peut changer la nature? Voilà la question! Et la nature humaine n'est-elle qu'humaine, précaire et naturellement mortelle? Au cours des âges, les hommes se sont interrogés sur ces questions pour tenter d'apporter des réponses capables de les satisfaire dans leur quête de sens. Encore maintenant les mêmes questions hantent notre esprit. Soumis à la précarité de l'existence, nous partageons avec toute la création cette même fragilité. Est-ce possible que l'humain soit divinisé? Est-ce possible de transformer cet être de la création pour en faire un être spiritualisé? Ce rêve sera-t-il brisé comme celui de la colombe qui rêvait de voir son rejeton suivre les voies de l'amour et de la sagesse qu'elle lui avait enseignées? Rien ne peut changer la nature? Mais que dire de la nature réelle de l'homme? Si la philosophie ne peut répondre pleinement à ces questions, peut-être pourrions-nous trouver dans la Parole de Dieu un éclairage satisfaisant.

Ouvrons donc la lettre de l'apôtre Paul envoyée aux chrétiens de Rome : « J'estime qu'il n'y a pas de commune mesure entre les souffrances du temps présent et la gloire que Dieu va bientôt révéler en nous. En effet, la création aspire de toutes ses forces à voir cette révélation des fils de Dieu. Car la création a été livrée au pouvoir du néant, non parce qu'elle l'a voulu, mais à cause de celui qui l'a livrée à ce pouvoir. Pourtant, elle a gardé l'espérance d'être, elle aussi, libérée de l'esclavage, de la dégradation inévitable, pour connaître la liberté, la gloire des enfants de Dieu... Nous aussi nous crions notre souffrance, nous avons commencé par recevoir le Saint-Esprit, mais nous attendons notre adoption et la délivrance de notre corps. Car nous avons été sauvés, mais c'est en espérance. » (Rm 8, 18-23) Nous ressemblons à cet oiseau adopté par la colombe et nous attendons que les vertus de sagesse et d'amour transforment pleinement l'essence de notre être. Nous sommes dans la précarité de la création et en communion avec elle, nous espérons et nous aspirons à la gloire, à la plénitude annoncée aux fils de Dieu. Nous avons déjà reçu en dépôt une puissance de gloire, l'Esprit-Saint, et cette puissance de résurrection, de transformation spirituelle, agit en nous en nous faisant passer de l'humain au divin. À chaque fois que la nature prend le dessus, à chaque fois que nous sommes tentés comme le rejeton de la colombe, l'Esprit-Saint intervient en nous car il veut ce que le Dieu-Père veut pour nous. « Nous le savons, quand les hommes aiment Dieu, lui-même fait tout contribuer à leur bien, puisqu'ils sont appelés selon le dessein de son amour. Ceux qu'il connaissait par avance, il les a destinés à être l'image de son Fils, pour faire de ce Fils l'aîné d'une multitude de frères. Ceux qu'il destinait à cette ressemblance, il les a appelés, il en a fait des justes; et ceux qu'il a justifiés, il leur a donné sa gloire. » (Rm 8, 28-30)

La pauvre mère colombe se désolait de voir son rejeton sombrer dans sa vraie nature de rapace en oubliant ses leçons d'amour, de paix et de sagesse. Sans doute en est-il ainsi quand le Dieu-Père voit l'humanité sombrer dans ses vieux cauchemars de violence et de guerre. Mais il enferme alors cette humanité dans des vases de colère pour la faire passer patiemment dans des vases de pardon et de plénitude. Et nous savons que cette colère de Dieu n'est pas faite de violence mais de cet amour souffrant qui lui permet de nous destiner à partager sa gloire.

PARABOLE DU PAYSAN DEVANT LE MIROIR

Un paysan pour qui tout est nouveau et qui n'a vu que son hameau, avait appris, par aventure, qu'un verre bien pli, qu'on appelait miroir, présentait à chacun sa fidèle peinture. Ce fait le surprit fort; il courut pour s'y voir. Mais à peine a-t-il vu sa triste et large face (c'était un homme des plus laids) que ne pouvant penser que ce fussent ses traits, il crut que le miroir lui faisait la grimace, et de lui se moquait exprès. Trompé par cette idée, il se fâche, il s'agite, il se démène, il se dépite, et le miroir de répéter tous les gestes qu'il lui voit faire. Quoi! Tu viens encore m'insulter! Dit alors notre homme en colère, me prends-tu donc pour un oison? Attends, attends, je vais te mettre à la raison. À ces mots, transporté de rage, et voulant se venger de ce nouvel outrage, sur la glace il décharge un grand coup de bâton; mais cette furie inutile, bien loin de le venger, combla son désespoir; d'abord il n'avait qu'un miroir, dans un moment il en eut mille qui, venant tour à tour lui tracer son portrait, le firent dessécher de honte et de regret. Pour se venger d'un vain outrage, on s'attire de vrais malheurs; et quand on se raidit contre le badinage, on ne fait qu'augmenter le nombre de ses malheurs. (Une fable de l'abbé J. Reyre)

Une colombe gémissait de ne pouvoir devenir mère. Elle avait fait cent fois tout ce qu'il fallait faire pour en venir à bout, mais rien ne réussissait. Un jour, se promenant dans un bois solitaire, elle fit la découverte d'un nid contenant un œuf abandonné ni trop gros ni trop petit, semblable aux œufs des tourterelles. Quel bonheur! Je pourrai enfin, se dit-elle, couver et puis nourrir, puis élever un enfant qui fera le charme de ma vie! Tous les soins qu'il m'en coûtera, les tourments qu'il me causera, seront encore des biens pour mon âme ravie; quel plaisir vaut ces soucis-là? Cela dit, la colombe s'établit dans le nid et le couva vingt et un jours; elle voit enfin naître celui dont elle attend son bonheur car l'amour nourrit les mères. Auprès de son petit elle veille jour et nuit, l'écoute respirer, le regarde dormir, s'épuise pour bien le nourrir. L'enfant chéri vient à merveille, son rejeton grossit bien différent de celui des tourterelles! La mère lui enseigne la paix pour être heureux, la paix avec soi-même et avec les autres, précise-t-elle! Il faut aimer les premiers, apprend-elle à cet enfant. Mais un jour, un jeune pinson, échappé de son nid, vient s'abattre auprès de la mère et de l'enfant. Le jeune nourrisson à peine l'aperçoit-il qu'il courut vers l'oisillon. La mère pensa que son enfant allait lui porter secours et le traiter comme un frère et offrir à ce jeune pinson une retraite hospitalière. La mère se réjouissait déjà de voir son fils mettre en pratique ses leçons de vertu et de sagesse. Mais voilà que le fils saute sur le faible oisillon, le plume, le mange et garde au milieu de ce carnage, un terrible sang froid. La colombe réalise que le cœur ne peut se corriger, rien ne change la nature et le caractère car ce fils était de la descendance des rapaces. Quel triste prix, reçut la mère, pour les soins donnés à cet enfant! (Une fable de Jean-Pierre Claris de Florian)

PARABOLE DE LA POULE AUX ŒUFS DE PIERRE

On raconte qu'une poule qui avait beaucoup pondu et qui commençait à vouloir couver ses œufs s'est retrouvée avec un nid rempli d'œufs en pierre. Le garçon de la ferme lui avait joué un vilain tour. Cette poule vaillante se donna beaucoup de peine à couver ces œufs en les réchauffant de son mieux et en les remuant avec soin. La pauvre bête ne pouvait réaliser comment ces œufs de pierre demeuraient inertes désespérément malgré toute l'attention et la chaleur qu'elle leur prodiguait. Quand les jours prévus pour la couvaison eurent atteint leur terme, la poule se mit à s'inquiéter en voyant ces œufs toujours aussi inertes. Elle s'étonnait de n'entendre aucun son émaner de ces œufs bizarres. Au bout d'un long moment, la poule se résolut à quitter ce nid décevant et stérile, navrée de voir ses efforts porter si peu de fruits.

Le symbole de l'œuf est riche en signification. En effet, sa coquille ressemble à de la pierre. On ne pourrait imaginer que cette coquille froide et dure puisse porter en son sein, un germe de vie et une réserve de nutriments pouvant nourrir un poussin en gestation. Cette coquille me fait penser aux bulbes d'oignon. Ces bulbes semés au printemps sont secs et leur pelure s'effiloche au vent. Comment oser penser que de ces petits bulbes surgiront des oignons nouveaux. Il en est ainsi de ces œufs à la coquille froide et dure qui laisseront éclater des vies nouvelles. Ce symbole de l'œuf est puissant car il nous rappelle sans cesse que là où la vie semble éteinte, un relèvement, une résurrection deviendra possible. J'aime bien ces églises d'Orient qui ont des clochers en forme de bulbe ou d'œuf pour nous rappeler cette étonnante espérance en la résurrection.

Quand on roula la pierre du tombeau de Joseph d'Arimathée, en ce soir du vendredi de la Passion du Seigneur, on pensait bien que le dernier mot avait été dit sur Jésus. Ce tombeau devait demeurer fermé et muet comme ces œufs de pierre de la parabole. Comme la chaleur de la poule couveuse est en mesure de transformer des œufs en berceau de vie nouvelle, la puissance de l'Esprit est en mesure de transformer spirituellement cette personne dont les restes sont déposés en tombeau. Il est grand ce mystère de la foi. Un mystère est une réalité très dense à laquelle nous accédons graduellement par la richesse de notre démarche de foi. Ressusciter ne veut pas signifier un retour au passé mais une projection vers l'avant, une transformation spirituelle de notre personne. Ce que nous laissons dans nos urnes ou nos tombeaux, ce sont ces restes qui ne nous seront plus utiles. Notre personne est appelée à vivre une grande transformation, une recréation par la puissance de ce même Esprit qui releva le Christ au matin de Pâques. Dans l'événement de sa résurrection, le Jésus est transformé en Christ et Seigneur, partageant la gloire du Père et appelé à siéger à sa droite, appelé à partager sa plénitude.

Notre vie ressemble parfois à ces œufs de pierre posés dans le nid de cette poule déçue de n'avoir pu faire naître des vies nouvelles. Selon une pédagogie du devenir infini, le Dieu-Père nous laisse cheminer en pleine autonomie tout en désirant que nous options pour son règne de plénitude. Dans l'événement de la résurrection, par une transformation spirituelle, Dieu détruira en nous toute trace de péché ou d'absence de salut et de plénitude pour nous conduire au partage de sa gloire et nous engendrer dans une pleine filiation divine. Nos êtres de chair et de pierre resplendiront de la gloire de Dieu qui désire être tout en tous. « L'homme est un être de fragilité non parce qu'il est la ruine d'un chef d'œuvre passé ou puni et déchu, mais pour être le chantier d'un être à venir. Il faut que l'homme se reconnaisse et se choisisse lui-même comme l'être en qui Dieu attend de faire éclater sa puissance de vie et d'amour. Il sera fils de Dieu, le désir de Dieu est de l'engendrer et de désir de l'homme en est le reflet : L'homme doit donc devenir fils de Dieu... pour que l'accomplissement de l'histoire soit, certes, l'œuvre de Dieu, mais aussi l'œuvre de l'homme. (François Varone, Ce Dieu absent qui fait problème, p. 126)

L'œuvre de Dieu, c'est la gloire de l'homme, sa plénitude, sa parfaite identification au Fils de Dieu, sa complète spiritualisation, sa résurrection. La résurrection est donc un long cheminement vers la plénitude commencé au baptême, vécue par chaque personne au terme de sa vie terrestre et en troisième temps, quand tout sera achevé dans le Christ. Alors tous les ressuscités seront passés de la désobéissance ou de l'errance spirituelle à la miséricorde. Dieu aura détruit en eux tout péché, toute incapacité de moyens de salut, pour les prendre avec patience dans le sein de sa miséricorde. En effet, le Dieu-Père détruit le mal mais il ressuscite le pécheur en l'englobant dans la filiation divine. Décidément, cette poule qui couvait des œufs de pierre, ne pouvait s'imaginer que son drame ferait tant parler!

PARABOLE DU HÉRISSON

Il y a quelque temps, j'ai participé à la fête de Vincent, un petit-neveu de huit ans. Un groupe d'enfants s'était joint à la fête. L'animatrice invitée à divertir cette belle marmaille, avait apporté dans des cages, de petits animaux rares pour impressionner les enfants. Elle avait apporté un python qui a vite soulevé l'attention des enfants. Mais un hérisson est venu par la suite soulever chez ces enfants un vif intérêt. Le hérisson est un animal étrange; il se promène tous les jours avec un bouclier sur son dos. Ces piquants se hérissent au moindre danger suspecté par cet animal insectivore. À la moindre alerte, le hérisson se met en boule et ses piquants deviennent ainsi une barrière infranchissable. Ce qui est étrange chez cet animal, c'est de voir son dos aussi revêche alors que son ventre est si moelleux et tendre. Cet animal à l'allure si rébarbative a lui aussi un petit côté vulnérable, un petit côté givré, dirait l'autre! Il est à mon sens, une véritable parabole vivante.

Nous rencontrons tous les jours des hérissons dans ce zoo humain. Ces personnes appréhensives toujours aux aguets et armées de piquants, cachent leur côté tendre pour mieux montrer leur bouclier protecteur. Il est certes nécessaire de prendre soin de soi, de se protéger des injustices dont nous sommes potentiellement victimes. Mais il est heureux également que nous désarmions les agressivités des autres par la force de notre tendresse. Sans naïveté, dans la nuance, manier le bouclier du hérisson tout en laissant voir notre vulnérabilité, voilà ce qui est souhaitable.

Dans le passé, il nous est arrivé de représenter Dieu sous cet aspect du hérisson : un Dieu menaçant qui pourrait aussi nous pardonner! Le psaume 102 nous fait voir le vrai visage du Dieu-Père : « Car il pardonne toutes tes offenses et te guérit de toute maladie; il réclame ta vie à la tombe et te couronne d'amour et de tendresse. Il n'est pas pour toujours en procès, ne maintient pas sans fin ses reproches; il n'agit pas envers nous selon nos fautes, ne rend pas selon nos offenses. Comme le ciel domine la terre, fort est son amour pour qui le vénère; aussi loin qu'est l'orient de l'occident, il met loin de nous nos péchés. » Cet extrait du psaume nous fait voir un Dieu vulnérable et passible, un Dieu qui a un côté vulnérable et qui le fait voir. Il prend le risque de l'amour en s'investissant dans l'aventure pour transformer le zoo humain en Royaume divin.

Le prophète Michée abonde dans le même sens : « Y a-t-il un dieu comme toi? Tu enlèves le péché, tu pardonnes sa révolte au reste de ton peuple, tu ne t'obstines pas dans ta colère, mais tu prends plaisir à faire grâce. De nouveau, tu nous montres ta tendresse, tu triomphes de nos péchés, tu jettes toutes nos fautes au fond de la mer! » (Mi 7, 18-19) Ce Dieu-Père, sait créer une distance entre notre péché qui nous accuserait et notre cœur meurtri. Il est le Dieu-Père qui ressemble à la parabole de Luc, la parabole du père qui avait deux fils. (Lc 15, 11-32) Ce Père est sorti deux fois de sa maison pour conquérir le cœur de ses deux fils. Il agit envers nous comme ce père de la parabole.

Les peintres Batoni et Rembrandt ont créé chacun un tableau illustrant le retour du fils prodigue. Dans le tableau, un point commun est à souligner : le père porte un manteau rouge et le fils cadet a la tête enfouie dans le sein paternel comme si par la force de la tendresse, le père enfantait à nouveau ce fils perdu mais enfin retrouvé! Ce Dieu-Père ajuste à lui le pécheur revenu et pardonné. Tout ce qui est perdu sera retrouvé! Tout ce qui est mort revivra! Le salut est pour tous par pure grâce.

Quand le Dieu-Père accueille les pécheurs il ne lèse en rien le droit des justes qui ne sont d'ailleurs que des pécheurs déjà pardonnés. Une vie digne de l'Évangile ne donne pas des droits sur Dieu mais c'est déjà par pure grâce que nous sommes dans la vie du Royaume. Le Dieu-Père dépasse le cadre juridique pour aller à la miséricorde. Sa bonté infinie de Père conduira tous ses enfants à la conversion et à la louange éternelle. Il laissera tomber le côté irritant des piquants pour laisser voir son cœur vulnérable. Pour le Père, les maudits n'existent pas! S'ils sont portés à la violence c'est pour cacher leur cœur blessé et ulcéré. Pour le Dieu-Père, le mal absolu n'existe pas! Ce qui existe, c'est le cœur brisé et broyé qui se cache dans les épines du hérisson. Le Dieu-Père prédestine tous ses enfants à la gloire, à la plénitude pour le jour où le Père sera tout en tous. Le Père récompense les bons mais il pardonne aux pécheurs! Un tel Dieu-Père aime nous montrer son petit côté tendre, son petit côté givré!

PARABOLE DU ZÈBRE

Les deux moines bénédictins revenaient au monastère après une courte visite au parc animalier de la région. Ce sont des membres de leurs familles qui les y avaient invités. De retour au monastère, les deux moines n'arrivaient pas à se mettre d'accord à savoir si les zèbres qu'ils avaient vus au parc animalier étaient des animaux noirs rayés de blanc ou des animaux blancs portant des rayures noires. Le premier moine nommé Adrien, soutenait que dans le ventre de sa mère, le zébreau est noir et qu'il devient zébré de blanc par la suite. L'autre moine, Simon, n'était pas d'accord et accusait même son confrère de tout voir en noir dans la vraie vie. C'est alors que le moine Adrien se mit à accuser son confrère d'être un idéaliste qui voit tout en blanc, qui pense que dans la vraie vie tout est beau et facile. Les deux moines n'arrivaient donc pas à se mettre d'accord à savoir si les zèbres étaient blancs rayés noir ou noirs rayés blanc!

Et ce n'était pas seulement au sujet des zèbres que les deux moines ne s'entendaient pas. Beaucoup de sujets devenaient des points d'opposition et de discorde. Un jour, Adrien soutint que l'homme avait été créé dans un état de pureté et d'innocence originelle mais qu'il avait perdu ses attributs originaux à la suite de la faute originelle. Simon, lui, soutenait le contraire. Il affirmait que l'homme avait été créé à travers un long dédale d'évolution dans un état d'imperfection originelle mais avec un grand désir de plénitude ou d'absolu en lui. Simon soutenait que l'homme avait été créé avec un manque original de moyen de salut et que par lui-même, il ne pouvait se donner le salut. Les deux visions s'opposaient vivement et les deux moines n'arrivaient pas à se mettre d'accord tout en ayant l'un pour l'autre une grande considération.

Comme la pluie qui mouille le zèbre n'efface pas ses rayures, les propos du moine Simon n'avait que peu d'effet sur la pensée du moine Adrien. Il disait : « À l'origine, le monde était parfait, sans violence, ni douleur ni mort; la vie se déroulait dans un jardin de délices. Au centre de ce jardin, se trouve l'homme créé dans un état de perfection idyllique et en parfaite harmonie avec Dieu. Mais Adam a péché en voulant s'approprier le fruit capable de le rendre divin et il a mérité la déchéance fatale! » Simon n'était pas d'accord. Il disait : « Mais comment un homme créé dans un état de perfection originelle aurait pu avoir besoin de ce fruit divin pour s'emparer des attributs de Dieu qu'il possédait déjà? Et quel serait ce Dieu qui tenterait de voir si l'homme méritait vraiment d'accéder à ce jardin paradisiaque? Serait-il alors un Dieu jaloux qui tenterait l'homme pour le faire trébucher et avoir ainsi une bonne raison de le punir. Ce Dieu irait-il jusqu'à punir toute la descendance du premier Adam? Et si ce Dieu connaissait déjà l'échéance du combat d'Adam, alors pourquoi l'avoir permis? Serait-ce par jalousie devant cet Adam créé avec tous ces dons préternaturels? » Les deux moines devenaient incapables de trouver un terrain d'entente sur ce sujet.

Le moine Simon ajouta encore ce propos : « Dans ton scénario, Dieu apparait comme un ennemi de l'homme et surtout tellement mesquin, qu'il est incapable de pardonner à Adam. Et alors le Christ, plombier et réparateur de l'installation du monde créé dans un état de perfection qui aurait dû fonctionner sans faille, vient jouer le rôle de suppléance! Si tout avait marché sur des roulettes, le Christ n'aurait pas eu à devenir ni la Tête ni le Seigneur. Ce serait Adam le premier! » Le moine Adrien devint sombre et songeur. Il se sentait décontenancé devant ces propos.

Le moine Simon ajouta encore ces points au débat : « Dans une vision dite *religieuse* de la création du monde qui a donné naissance à la théologie de la satisfaction, l'homme doit se faire valoir devant Dieu et mériter ainsi en retour sa faveur. Ce monde merveilleux et créé originellement dans un état idyllique est le dernier acte gratuit de Dieu. Maintenant l'homme devra mériter de vivre dans ce monde et mériter que Dieu le maintienne dans cet état de perfection originelle sinon il sera chassé par punition et entrainant toute sa descendance dans un malheur bien mérité! »

Et pour clore le débat, le moine Simon ajouta ces réflexions suivantes : « Et si l'homme, au sein d'un monde en évolution, se trouvait depuis toujours dans un état NÉCESSITEUX DE SALUT par manque de moyen! L'homme se découvre habité par un désir d'un devenir infini et ressent un manque de moyen pour y parvenir. Un tel état originel constitue une nécessité absolue et radicale de salut. Si on doive parler de péché originel c'est le manque absolument grave de moyen de salut qui le constitue. L'homme vient naturellement en ce monde affligé d'un manque de moyen de salut et de plénitude et Dieu vient à sa rencontre, en partenaire, lui révéler une voie de salut. Cette voie de salut entre en pleine lumière dans la personne du Christ qui nous enseigne à nous laisser engendrer dans la pleine stature de fils de Dieu. »

Après cette confrontation, les deux moines retournèrent à leurs occupations coutumières alors que les zèbres continuèrent à tourner en rond dans leur parc.

PARABOLE DE L'AMOUR ET DE LA MORT

La Mort, la pâle Mort, aux mains toujours avides, l'œil morne, harassée, enfin, n'en pouvant plus, se reposait, prenant courage, assise sur un tronc, sous des rochers arides, dépourvus d'arbrisseaux, de mousse, de gazon. La mort méditait un voyage vers des bords fleuris. C'est alors que l'Amour lui apparut. (Ce dieu comme la Mort, fréquente tous les lieux.) – Ah! Comment, vous voilà! Dit la Mort au volage! Nous nous rencontrons rarement! – Quoi! Répondit l'Amour, vous marchez sur ma trace, et souvent à la même place nous arrivons tous deux presqu'au même moment! Trop de fois même encore vous frappez, Mort traitresse! Longtemps avant que je ne paraisse! – Mais pourquoi ce courroux? Vous et moi, reprit l'affreuse Mort, nous remplissons la loi du destin; si cette faux détruit, votre feu régénère. Comme la Mort sans vous serait sans ministère, de même sans la Mort vous seriez sans emploi. – Eh bien! Lui dit l'Amour, riant de sa colère, soyons amis! Allez! Reprenez votre faux; allez porter le deuil sur maint et maint rivage; et moi, pour réparer vos maux, toujours fêté, toujours volage, je vais me signaler par d'aimables travaux! (Une fable d'Antoine Benoît Vigarosy)

La mort et l'amour marchent souvent sur les mêmes sentiers. La première apporte la peine et l'autre, la joie. Les deux entremêlent inlassablement leurs filets aux rendez-vous de l'humanité. La mort évoque le mal, la tristesse, les ténèbres, le désespoir. L'amour évoque l'espoir, la vie, la naissance, la noce. Tandis que la mort évoque le manque d'être et la souffrance, l'amour évoque la plénitude et la gloire.

Au cours de l'Histoire, les humains ont expliqué la mort comme une punition méritée, comme le prix à verser pour le péché. Il fallait donc expier ses péchés par la souffrance et la mort dans l'espoir d'éviter la damnation durable. Il fallait donc faire valoir Dieu pour qu'il daigne en retour faire valoir l'humain par son pardon. Une telle conception du drame du mal et de la mort apportait donc un jugement accablant sur l'humain. Une telle vision pouvait donc faire naître dans le cœur de l'homme la révolte, le rejet d'un tel Dieu tenté de se faire valoir en niant l'homme. Nous sommes en mesure de comprendre comment est né l'athéisme et avec lui, toutes les tentatives de nier ce Dieu à la mémoire longue afin de faire valoir l'homme. Cette vision des choses n'est pas celle de la Révélation comme nous le rappelle l'apôtre Paul dans son épître aux Romains.

« Pour ceux qui sont dans le Christ, il n'y a plus de condamnation. Car en me faisant passer sous son règne, l'Esprit Saint qui donne la vie dans le Christ Jésus m'a libéré, moi qui étais sous le règne du péché et de la mort. En effet, quand Dieu a envoyé son propre Fils dans notre condition humaine de pécheurs pour vaincre le péché, il a fait ce que la loi de Moïse ne pouvait faire à cause de la faiblesse humaine : il a détruit le péché dans l'homme charnel.»(Rm8, 1-4) La loi de Moïse ne faisait que nous montrer où se trouvait le péché et le mal mais elle n'avait pas la capacité de sauver l'homme de la mort, inhérente au péché. Le péché est ce manque de moyens de salut, de plénitude, inhérent à la condition humaine. Ce manque d'être est à la source de toutes ces quêtes de fausses gloires qui nous entraînent dans le mal et la mort. Par la foi au Christ, nous endossons sa condition de Fils de Dieu, nous passons sous le règne de la grâce, du salut, en passant par les eaux vives baptismales afin de partager la gloire du Ressuscité. En passant dans le Christ, il n'y a plus de condamnation, de mort durable et éternelle et nous sommes sortis de cette condition naturelle de manque de moyens de salut. « Sous l'emprise de la chair on tend vers ce qui est charnel et mortel, mais sous l'emprise de l'Esprit, on tend vers la vie et le salut. » (Rm 8, 6)

Par la foi, le Christ est en nous, espérance de la gloire. Notre personne est vouée à la mort du fait que naturellement nous soyons des êtres mortels habités par ce péché qu'est ce manque naturel de moyens de salut. Mais par l'Esprit, la puissance de l'Amour divin à l'œuvre sur ce monde de finitude, nous sommes devenus dans le Christ des justes, des ajustés à la condition divine. L'Esprit qui a ressuscité Jésus d'entre les morts habite en nous et donnera à notre personne mortelle la vie en plénitude.

Là où la mort apporte sa peine et son vide existentiel, l'Amour apporte la joie et la plénitude. La mort, conséquence de notre précarité, met en lumière notre manque d'être, à plus forte raison l'Amour, manifesté par la puissance de l'Esprit, met en lumière la gloire et la plénitude que le Christ nous partage, lui l'ainé d'une multitude de frères et de sœurs.

PARABOLE DU PUITS VERT

Un fermier avait coutume de puiser l'eau de ce puits au fond du jardin pour les besoins de la maison et pour abreuver son bétail. Ce puits était construit de pierres et de mortier avec une armature de bois peinturée en rouge. Au-dessus du puits il y avait également un couvercle pour éviter que des bêtes sauvages ne tombent dans ce puits. Mais un jour notre fermier oublia de fermer le couvercle du puits et une bête y tomba et s'y noya. Alors l'eau prit un goût désagréable et l'eau devint tellement mauvaise que personne ne voulait en boire. Il fallait donc transporter de l'eau de la rivière qui coulait à une bonne distance de la maison et de l'étable. Notre fermier jonglait à un plan pour rétablir la qualité de l'eau du puits. Il en vint à la conclusion que s'il peinturait son puits d'une autre couleur, l'eau goûterait enfin meilleur! Comme il lui restait un peu de peinture verte dans un bocal, il se mit à peinturer son puits en vert pensant alors que l'eau serait meilleure à boire. Mais grande fut sa déception quand il se rendit compte que son eau était toujours désagréable et non potable. Ce n'est pas en changeant la couleur du puits qu'on peut espérer changer la qualité de son eau.

Cette parabole du puits nous rappelle une grande leçon de vie. Ce n'est pas en changeant l'apparence des choses et des personnes qu'on peut espérer une transformation profonde de ces dernières. Il nous arrive souvent de penser qu'en changeant le décor ou les meubles de place, on sera enfin plus heureux dans notre maison. Tout est affaire de vérité! Si mon cœur est en paix en étant habité par aucun ressentiment, aucun regret, il est fort possible que je sois plus heureux. Tout le temps passé à se morfondre dans des projets de règlement de comptes devient un temps de torture toxique.

Il serait bon de se rappeler ici les sept conseils de Mevlâna, ce mystique musulman du 13e siècle : 1) Sois comme l'eau courante pour la générosité et l'assistance; 2) Sois comme le soleil pour l'affection et la miséricorde; 3) Sois comme la nuit pour la couverture des défauts d'autrui; 4) Sois comme la mort pour la colère et la nervosité; 5) Sois comme la terre pour la modestie et l'humilité; 6) Sois comme la mer pour la tolérance; 7) Ou bien parais tel que tu es ou bien sois tel que tu parais. Ces conseils sont une source de sagesse et de plénitude tout en nous invitant à rendre le cœur de notre personne harmonieux et pacifié.
L'Évangile nous donne également des règles de bonheur véritable en nous proposant des valeurs de compassion, de pardon, de miséricorde, de non-violence, de transparence et de limpidité. Ces valeurs mises en pratique au sein de notre vie deviennent des indices que nous sommes déjà dans le Royaume. Nous devenons ainsi sel de la terre et lumière du monde.

Nous avons le choix de vivre comme ce hibou et encore comme ce pigeon de la fable suivante. Un hibou se lamentait ainsi : « Que mon sort est affreux! Vieux, infirme, souffrant, accablé de maux, je suis isolé sur terre et jamais un oiseau n'est venu dans mon trou consoler ma douleur solitaire. » Un pigeon qui passait son temps à visiter les oiseaux de son boisé pour apporter ses soins et ses bonnes nouvelles, entendit ce hibou geindre ainsi sur son sort et courut auprès de ce hibou malade. « Je plains vos maux, cher hibou, mais je ne comprends pas qu'un hibou de votre âge n'ait auprès de lui pour le soutenir, une compagne, un fils, un neveu, un enfant. N'avez-vous pas noué les liens du mariage pendant le cours de vos belles années? » - « Je ne me suis pas marié, j'en connaissais trop les dangers! J'aurais pris en mariage une chouette qui m'aurait trahi ou me fit enrager ou encore qui m'aurait donné des fils ingrats ou menteurs? Tout le monde sait que les enfants sont durs pour leurs parents. Tout au long de ma vie, j'ai vu de mes yeux tellement de scènes d'abandon et de mépris que je n'ai pas eu l'audace de faire confiance à quiconque! J'ai même vu deux hiboux qui s'aimèrent tendrement pendant quinze ans et qui se sont battus à mort, un jour, pour une souris qui passait au pied d'un arbre. » - « Mon cher hibou, vous n'avez aimé personne! Mais alors, en ce cas-là, de quoi vous plaignez-vous? » (D'après une fable de Jean-Pierre Claris de Florian)

Ce n'est pas en nous maquillant qu'on change son cœur! Ce n'est pas en changeant la couleur du puits qu'on assainie ses eaux! C'est en mettant en pratique dans sa vie, ces valeurs qui rendent le cœur serein, pacifié, rempli de tendresse, de compassion et de miséricorde. Nous avons le choix : mener la vie du hibou renfrogné et solitaire ou mener la vie du pigeon ouvert aux autres et disponible pour partager leurs joies et leurs peines. « Que votre lumière brille devant les autres et ainsi tous rendront gloire à votre Père céleste! »(Mt5, 16) Que la lumière de notre joie, de notre tendresse et de notre amour vienne donc ensoleiller ce monde!

PARABOLE DU DINDON QUI VEUT IMITER L'AIGLE

À l'entour d'une ferme, au pied de la montagne, un dindon des plus sots et des plus orgueilleux, rêvait; quand sur le roc pendant sur la campagne, il vit le roi des airs s'envoler dans les cieux... - Pourquoi végéter sur la terre? S'écria le dindon comme éveillé soudain; pourquoi ne pas tenter, au sein de la lumière, un glorieux destin? Il dit, et, gravissant la roche solitaire d'où l'oiseau vainqueur du tonnerre a pris son vol audacieux, il se repaît déjà de sa gloire future; pour lui s'agrandit la nature, il croit bientôt toucher à l'empire des dieux! Cet espoir le soutient, son orgueil le ranime. Arrivé sur le pic, sur le bord de l'abîme, regardant en pitié les divers animaux ; ses parents, ses amis, naguère ses égaux : - Eh ! voyez donc quelle détresse, quels ennuis, quels dégoûts dans cette basse-cour! Ah! Oui, prouvons que notre espèce est digne de monter à la source du jour! Il a dit... il s'élance... il a quitté la terre!... Va-t-il au sein de la lumière planer, majestueux, sur l'immense univers? Va-t-il... mais sur l'abîme il a fait la culbute! Hélas! Pour retarder sa chute, de son aile trop courte il frappe en vain les airs... Le dindon n'est pas fait pour prendre la volée : aussi, loin de monter à l'empire des dieux, plus bas que son berceau; dans un marais fangeux, hué de tous, il tombe au fond de la vallée où ses premiers amis se livraient à leurs jeux; et meurtri, dans la boue, hélas! sans espérance, certes, le dindon serait mort s'il n'eût reçu prompte assistance de tous ceux dont, naguère, il déplorait le sort. Plus d'un petit auteur, plus d'un homme à conquêtes, plus d'un petit bourgeois, plus d'un petit baron, rêvant de glorieuses fêtes, a fait le saut de ce dindon. (Une fable d'Antoine Benoît Vigarosy)

Sommes-nous faits pour monter à l'empire des dieux, comme disait le fabuliste? Sommes-nous faits pour un petit pain, condamné à vivre au ras des mottes et dans une béate suffisance? Le rêve du dindon habiterait-il nos cœurs errants et souffrants de cette béance d'être? Le dindon tenterait-il donc de nous ramener à cette existence bien clôturée de la basse-cour de ce monde? Devrions-nous nous résigner à regarder le vol de l'aigle en acceptant qu'il ne nous soit pas possible d'échapper à l'enfermement de notre condition précaire. Sommes-nous destinés à suivre ce vol de l'aigle, révélateur de plénitude, comme une annonce d'une gloire possible ou comme un rappel d'une gloire impossible? Pourrait-on voir ce vol du dindon comme un appel à ne jamais cesser de chercher des voies de plénitude. Nous pourrions être tentés de vivre comme cette girouette qui avait cessé d'indiquer la direction du vent, ayant des boulons rompus et rouillés; cette girouette se réjouissait alors de n'avoir plus rien à faire et de pouvoir jouir de la vie sans rien apporter d'utile au monde. Elle narguait même le moulin, situé à ses pieds, qui continuait du matin au soir à travailler à moudre le blé car les eaux ne manquaient pour actionner sa roue. La pauvre girouette subit par la suite le sort qui la menaçait. Le meunier, voyant qu'elle ne marquait plus le vent, la fit descendre de ses hauteurs en perdant toute sa noblesse.

« L'Esprit Saint vient au secours de notre précarité, car ne savons pas prier comme il faut. L'Esprit lui-même intervient pour nous par des cris inexprimables. Et Dieu, qui voit le fond des cœurs, connait les intentions de l'Esprit : il sait qu'en intervenant pour les fidèles, l'Esprit veut ce que Dieu veut. Nous le savons, quand les hommes aiment Dieu, lui-même fait tout contribuer à leur bien, puisqu'ils sont appelés selon le dessein de son amour. Ceux qu'il connaissait par avance, il les a aussi destinés à être l'image de son Fils, pour faire de ce Fils l'aîné d'une multitude de frères. Ceux qu'il destinait à cette ressemblance, il les a appelés, il en a fait des justes; et ceux qu'il a faits justes, il leur a donné sa gloire. » (Rm8, 26-30) C'est l'Esprit qui gémit en nous, en nous faisant prendre conscience de notre finitude, de notre précarité. Nous sommes conduits à gravir ce rocher surplombant la basse-cour des existences précaires sous la poussée de l'Esprit qui intervient en nous par des gémissements inexprimables. Il intervient en nous pour nous provoquer à marcher à la conquête de l' « empire des dieux », à la ressemblance du Fils, aîné d'une multitude de frères et de sœurs. L'Esprit nous pousse à suivre l'appel à devenir ajustés à la plénitude divine, au partage de la gloire de ce Fils.

Ce rêve du dindon s'est heurté à la dure réalité des lois de la nature. Mais comme nous sommes appelés à franchir le seuil de la nature pour partager la gloire du Fils établi comme premier-né des glorifiés, ce rêve devient donc possible pour nous qui sommes habités déjà par la puissance de l'Esprit capables de nous spiritualiser pleinement.

PARABOLE DU TREMPLIN

Peut-être vous est-il arrivé de monter sur le tremplin le plus élevé d'une piscine pour tenter de faire un plongeon le plus audacieux qui soit. Il n'en demeure pas moins assez terrifiant d'amorcer le fameux swing pour faire du tremplin une rampe de lancement capable de nous propulser assez haut afin de plonger le plus harmonieusement qui soit dans la piscine. Il n'est pas rare de sentir ses jambes vous lâcher à ce moment-là car le défi est grand de permettre au tremplin de vous faire passer de la peur à la gloire. Quand vous montez sur le tremplin, ce dernier s'affaisse pour mieux rebondir. Il nous donne sans cesse une grande leçon de vie! Il n'est pas rare dans nos vies de connaitre des temps d'affaissement, de souffrance, de deuil, de désespérance. Il serait tellement heureux de se rappeler alors que ces passages sombres peuvent nous ouvrir des fenêtres de lumière.

Le drame de la souffrance, de la maladie, de la mort nous rappelle sans cesse notre précarité humaine. « Souffrance humaine, peine et mort sont les tremplins nécessaires pour faire de l'homme, définitivement, un fils de Dieu. » (F. Varone, *Ce Dieu censé aimer la souffrance*, p. 216) La souffrance, la maladie, la mort, ce sont là des phénomènes naturels qui ne sont habités par aucune intention punitive de la part de Dieu. Ces phénomènes sont tout simplement naturels quand ils ne sont pas le fruit d'erreurs humaines et nous rappellent sans cesse que nous sommes des êtres précaires et fragiles. Cependant, une relecture dite *religieuse* voire *païenne* de ces phénomènes nous ont conduits à des affirmations malheureuses dans le passé. On disait alors : « Si cela t'arrive, c'est que tu le mérites! » Ou encore on disait : « Dieu éprouve ceux qu'il aime! » De telles affirmations suscitaient alors des soumissions ou des révoltes. Et si on voyait les choses autrement!

Nos temps de souffrance ou de mort, signes de notre précarité, peuvent devenir des tremplins vers la plénitude ou la gloire. C'est là l'essentiel de la pratique de Jésus. Tandis que les bonzes des religions carburent aux dictats de la rétribution et du mérite, Jésus annonce une pratique de vie différente. Pour Jésus, la souffrance n'a pas de valeur compensatrice ou réparatrice exigée de la part d'un Dieu qui la réclamerait en valeur expiatrice, mais elle devient une provocation à la confiance en un Dieu capable de transformer nos pertes en gains, en occasion de dépassement, en tremplin vers la résurrection, vers la pleine participation à sa gloire. La pratique de Jésus, du matin au soir (cf. Mc 1, 32-34), consiste à faire reculer la souffrance, à libérer des paroles fatalistes. Il refait ses promesses de résurrection et de vie éternelle en faisant advenir à la lumière de la foi l'aveugle-né entre autres. Pour les bonzes du système religieux de son temps, si cet homme était né aveugle, c'est à cause de la faute de son père ou de son grand-père et c'était donc mérité! Pour Jésus, rien de tel! Par ces gestes de guérison, Jésus annonce un Dieu qui prend soin de l'humanité plongée dans la précarité habitée de joies et de peines. Dieu prend soin de l'humanité souffrante sur la route de la vie; par les mains de Jésus, il verse sur nos plaies l'huile de sa tendresse et le vin joyeux du Royaume. Pour Jésus, Dieu n'aime pas nous voir souffrir. Mais, dans nos souffrances, il aime nous voir lui faire confiance. Ce passage à travers la souffrance, Dieu le transforme en chemin, en tremplin vers la gloire de la résurrection. C'est là l'essentiel de la pratique prophétique de Jésus : « Celui qui marche à ma suite, (en faisant reculer la souffrance) aura la lumière de la vie. » (Jn 8,12)

La passion du Christ, c'est en premier lieu, une passion pour l'humanité, pour sa libération et son accomplissement. Cette passion l'a conduit à l'autre passion, celle de la croix. La passion de Jésus a de la valeur non pas parce qu'elle répondrait à une exigence compensatrice et réparatrice d'un Dieu peu enclin au pardon, mais parce qu'elle nous apprend l'amour qu'il nous porte et la confiance qu'il porte à son Père. Ainsi Jésus nous apprend que la souffrance peut devenir un chemin de croissance spirituelle et un possible passage vers la plénitude. Endosser sa pratique de vie, entrer dans son compagnonnage, fait de nous des sauvés du fatalisme, de la résignation. Au lieu de subir, nous pouvons réagir et faire de nos morts, des tremplins vers la gloire de la vie éternelle.

PARABOLE DE LA LAMPE

Durant mon enfance, il arrivait souvent que nous manquions d'électricité à la maison les jours de tempête ou de verglas. Alors, le soir venu, ma mère allumait une lampe à huile qu'elle déposait sur la table pour que toute la cuisine en soit éclairée. Cette lampe devenait le symbole de la communion familiale. Nous étions appelés à nous regrouper autour d'elle afin que sa lumière nous inonde et chasse les peurs de l'obscurité. Cette même lampe, je l'ai encore sur ma table aujourd'hui; elle me rappelle ces soirées passées autour d'elle dans l'attente du retour de l'électricité qui allait nous permettre de regarder la télévision. La lampe devient donc, les soirs de tempête, un puissant symbole de confiance, d'espérance, d'attente.

Nous aimons nous entourer de lumière le soir venu ou encore au cours des longues nuits hivernales. Dans les ténèbres de notre monde, nous aimons apercevoir des signes d'espérance, des lueurs d'espoir. La lumière nous est nécessaire comme l'air que nous respirons, comme l'eau que nous buvons. Il arrive souvent que certains ne voient que de la noirceur là où d'autres ne voient que de la lumière. Tandis que certains sont dépressifs ou arrogants, d'autres deviennent des allumeurs d'espérance et des porteurs de tendresse. Il est étrange et mystérieux ce monde à la fois baigné de lumière et de ténèbres.

Nous sommes chanceux de porter la lampe de la foi. Cette lampe nous permet de voir l'invisible. Grâce à la lumière de la foi, nous possédons déjà ce qu'on espère et nous connaissons des réalités qu'on ne peut voir! (Héb 11,1-2) C'est ainsi qu'Abraham et Sara, notre père et notre mère dans la foi, se sont mis en route vers la cité qui aurait de vraies fondations, celle dont Dieu lui-même est le bâtisseur et l'architecte. Dans la foi, ils avaient vu et salué cette cité, ce Royaume à venir. Devant les villes de Sodome et de Gomorrhe, alors qu'Abraham pensait que Dieu avait des projets de destruction, ce dernier découvrira au cours de sa longue prière d'intercession que le Dieu de sa foi n'est pas un Dieu de mort mais de vie. S'il entend la clameur venue de ces villes, c'est que ce Dieu est souffrant devant le mal qui enferme les habitants de ces villes dans des serres de mort. Les croyants portent dans des poteries sans valeur le trésor de la foi, cette puissance extraordinaire qui nous vient de Dieu. (2 Cor 4,7) C'est Dieu lui-même qui a fait resplendir en nous la connaissance de sa gloire qui rayonne sur le visage de son Christ. Ainsi, grâce à la foi, nous sommes en mesure de contempler le Dieu-Père sur le visage de son Christ et comme lui, nous sommes constamment livrés à la précarité de la vie pour connaitre en nous la gloire de son relèvement, de sa transformation glorieuse. « Celui qui a ressuscité le Seigneur Jésus nous ressuscitera, nous aussi, avec Jésus, et il nous placera près de lui avec vous. » (2 Cor 4,14)

Nous portons la lampe de la foi en assumant des contradictions et des douleurs afin qu'un grand nombre puisse accéder à cette lumière et à ce feu qui nous brûle le cœur. Tout comme ma mère déposait sur la table, cette lampe chaleureuse et réconfortante pour qu'elle éclaire toute la maisonnée, ainsi faut-il que nous portions au cœur et au centre de nos vies cette lampe de la foi pour qu'elle soit un signe chaleureux et réconfortant d'espérance. Il arrive trop souvent que nous mettions la lampe de la foi sous le boisseau du conformisme afin de ne pas soulever de vague ni d'étonnement. « Que votre lumière brille aux yeux de tous, pour qu'en voyant vos bonnes actions ils rendent gloire à votre Père céleste. » (Mt5,16)

Décidément, cette lampe que ma mère déposait sur la table nous apprenait déjà une grande leçon de vie et de foi. Comme cette lampe apportait chaleur, lumière et communion, ainsi faut-il que la lampe de notre foi devienne source de lumière et de communion au sein de notre monde.

En guise de conclusion...

PARABOLE ET VÉRITÉ

On raconte qu'un jour, la vérité toute nue sortit de son puits. Ses attraits étaient un peu détruits par le temps, et les gens fuyaient à sa vue et la laissaient toute seule et morfondue. C'est alors qu'arriva la parabole, richement vêtue, portant plumes et diamants. La parabole demanda à la vérité ce qu'elle faisant toute seule à se morfondre, transie de froid. Elle lui répondit : « Aux passants je demande en vain de me donner un gîte, mais personne ne me répond. On refuse tout à une vieille femme! » Et la dame parabole lui répliqua : « Mais vous êtes pourtant ma cadette et moi, je suis fort bien reçue partout. Pourquoi donc vous montrer toute nue? Cela n'est pas adroit, dame vérité! Venez donc sous mon manteau, arrangeons-nous ensemble et qu'un même intérêt nous rassemble! Ainsi, chez le sage, à cause de vous, je serai bien reçue et à cause de moi, chez les fous, vous ne serez point rejetée! Ainsi nous passerons partout grâce à votre raison et grâce à ma folie! » (D'après une fable de Jean-Pierre Claris de Florian)

Vous venez de comprendre pourquoi l'idée nous est venue de relire les fables d'Ésope et des autres grands fabulistes qui sont apparus au cœur de l'Histoire pour découvrir plusieurs fables capables de porter l'enseignement de l'Évangile. Nous avons l'idée aussi d'inventer plusieurs autres paraboles. Une nouvelle façon de réactualiser le message du Christ en l'illustrant à nouveau de ces fables, véritables ramassis d'illustrations de la vie humaine. Nous avons relu ces fables à la lumière des grands axes de la théologie de François Varone, une théologie de la révélation d'un Dieu Tout-Autre, non pas le Dieu de la compensation et du mérite exigé mais le Dieu de la miséricorde.

Pour illustrer notre propos, voici donc cette parabole de Pandore. On raconte que lorsque Pandore reçut la vie, chaque dieu s'empressa de l'orner de ses dons, Vénus, la déesse jalouse, détacha sa ceinture et la donna à Pandore. Jupiter, admirant cette merveilleuse jeune dame, craignait pour les humains ses attraits enchanteurs. Vénus souffla à l'oreille du roi des dieux : « Elle blessera bien des cœurs mais j'ai caché dans ma ceinture les caprices pour affaiblir le mal que fera sa blessure et les faveurs pour en guérir. » Pandore représente toute l'humanité avec ses dons et ses gloires. Dans la pensée païenne, il arrive souvent que Dieu soit représenté comme méfiant et jaloux de cette humanité représentée par Pandore. Dans la pensée chrétienne, bien au contraire, Dieu apparait plutôt comme celui qui veut partager sa plénitude avec cette humanité partenaire. Nous avons relu plusieurs fables pour découvrir celles qui pourraient devenir des paraboles révélant cette tendresse d'un Dieu-Père en émerveillement devant Pandore, symbole de l'humanité aux multiples dons!

Nous avons donc relu ces fables avec l'œil du philosophe et du théologien, donnant ainsi à ces paraboles la capacité d'illustrer les mystères du salut chrétien. En rédigeant ces textes, il devenait difficile de ne pas se reconnaitre dans le visage de cet enfant au miroir. On raconte qu'un jour un enfant découvrit chez lui un miroir. D'abord il aima son visage puis il voulut outrager cette image répondant à une pulsion agressive si présente en tout homme. Il fit donc une grimace au miroir qui la lui rendit aussitôt au grand déplaisir de l'enfant devenu soudain agressif. L'enfant lui montre un poing menaçant et le miroir lui présenta aussitôt ce même signe d'agressivité. Alors l'enfant, fou de rage, brisa le miroir et se blessa à la main. Sa mère alertée arriva sur le champ et dit à l'enfant : « N'as-tu pas commencé à faire la grimace à ce méchant enfant qui cause ton dépit? Regarde à présent : tu souris et il sourit; tu tends les bras et il fait de même; tu n'es plus en colère, il ne se fâche plus… Tu vois ici l'emblème de la société et tu apprends que le mal et le bien nous sont rendus. » (D'après une fable de Jean-Pierre Claris de Florian)

Cette parabole de l'enfant et du miroir illustre bien le drame de l'humanité aux prises avec ses démons intérieurs. De plus, cette histoire nous donne un aperçu du rôle que peut jouer la parabole en servant de soutien à un enseignement philosophique. En retenant l'histoire, l'auditeur retient également l'enseignement. Ce truc pédagogique est vieux comme le monde et présent dans toutes les cultures. Il met en scène des aspects de la vie humaine pour mieux voir comment on peut imprégner cette substance humaine de l'esprit évangélique. Voilà ici le rôle que la parabole peut jouer dans l'évangélisation aujourd'hui comme jadis. C'est exactement cela que Jésus fait au cours de son entretien avec Simon le pharisien qui l'accueille chez lui. Devant le geste de la femme au parfum précieux, Jésus évoque la parabole des débiteurs pour faire comprendre à Simon la portée de cette onction. (Lc 7, 36-50)

Selon le mythe du paradis perdu, au siècle d'or de l'humanité, les humains vivaient dans une paix profonde et la vérité présentait à tout le monde son miroir. Les humains s'y regardaient et le miroir sincère retraçait à chacun son plus secret désir sans jamais le faire rougir. C'était l'ère de l'innocence première.

Mais après la révolte, les humains devinrent méchants et la vérité s'enfuit au ciel en jetant son dépit sur terre. Le miroir de la vérité se brisa en mille miettes. Et depuis ce temps, les humains sont à la recherche des miettes de ce miroir capable de leur révéler leur véritable identité. Les fables jouent ce rôle de miroir, elles présentent des scénarios de la condition humaine en raccourci et illustrent ainsi les soifs et les attentes des humains. Dans la foi, nous découvrons que la Parole du Christ, souvent illustrée de paraboles, sert de révélateur à l'humain assoiffé de plénitude. Grâce à la Parole, l'humain découvre qu'il n'est pas un déchu désespéré mais un élu attendu, un appelé au partage de la gloire du Dieu-Père. Les mythes païens ont servi de toile de fond à ces fabulistes des temps anciens. Il devient donc nécessaire de relire ces fables à la lumière de la foi évangélique pour les retraduire au sein de notre culture et de notre espérance chrétienne. Ainsi, dans la foi, nous découvrons que l'humain est ce phénix qui parut un jour perché sur une branche au sein du grand boisé. Tous les oiseaux de la forêt venaient le voir, le contempler. Même le paon était ravi de son plumage étincelant. Chaque oiseau examinait son aspect, sa voix, son chant mélodieux. Chez le phénix, tout est mélodieux et divin, tout charme l'oreille et les yeux. Tous les oiseaux vantaient le privilège unique de ce phénix, de ce roi des oiseaux, de cet envoyé du ciel, qui sur un bûcher de cèdre aromatique se consume lui-même et renait immortel. La tourterelle soupira à la vue de ce phénix glorieux et ajouta son grain de sel en disant : « Je le plains cet oiseau, il est le seul de son espèce! » Ce phénix au sein des forêts de notre monde, il est cet homme appelé à la gloire, il est cet homme au sein d'un monde réconcilié et en alliance avec ce Dieu-Père. Cette fable du phénix nous vient de Jean-Pierre Claris de Florian et illustre bien cette espérance des croyants à la manière de l'Évangile de voir l'Homme, ce phénix, en communion à la fois avec le Dieu-Père et aussi avec toute la création.

Ces paraboles nous invitent au passage vers une conception heureuse d'une humanité appelée au salut. Passer de la détresse à l'espérance. Passer de la violence à la paix. Passer avec le Christ de la mort à la vie. Nous sommes appelés à faire ces passages. À ce riche qui donna un jour un panier rempli d'ordures à ce pauvre vivant dans sa mansarde, ce dernier lui rendit le même panier nettoyé et rempli de fleurs et lui disant que chacun est appelé à donner ce qu'il a dans son cœur. Ces paraboles sont autant d'appels à passer sur l'autre rive où chacun est appelé à donner ce qu'il a dans son cœur.

Table des Matières

En guise de préface..2

LE CIEL MAINTENANT? MAIS POURQUOI PAS!..3

RÉSURRECTION: MAIS POUR QUEL CORPS?..5

LES PARADOXES DU DÉBAT SUR L'EUTHANASIE..8

VRAIMENT " HEUREUX SANS DIEU ?..10

PAROLES DE NOËL..12

LE NOËL DE BETHLÉEM: UNE TROUVAILLE DE DIEU...................................14

LE PRINCIPE DE POU: ÊTRE SIGNE D'AMOUR..16

L'ÉGLISE DE DEMAIN UN AVENIR POSSIBLE?..18

UNE POSSIBLE ÉGLISE POUR LE 3e MILLÉNAIRE?..20

FEMMES ET MINISTÈRES : DES SIGNES PARLENT!.......................................22

IMMACULÉE CONCEPTION DE LA VIERGE MARIE 24

PARABOLE DES BOULES D'ARGILE..27

PARABOLE DU GOUROU IMBU DE LUI-MÊME..29

PARABOLE DES SEPT VASES REMPLIS D'OR..31

PARABOLE DE LA MARGUERITE..33

PARABOLE DE LA MONTGOLFIÈRE..35

PARABOLE DU MOULIN À VENT..37

PARABOLE DU BONSAÏ..39

PARABOLE DE LA ROSE..41

PARABOLE DES ARBUSTES ÉTÊTÉS...43

PARABOLE DU NUAGE LISERÉ D'OR 45

PARABOLE DU CERF-VOLANT 47

PARABOLE DE LA GRUE 49

PARABOLE DE LA COLOMBE QUI VOULAIT DEVENIR ENFIN MÈRE 51

PARABOLE DU PAYSAN DEVANT LE MIROIR 53

PARABOLE DE LA POULE AUX ŒUFS DE PIERRE 54

PARABOLE DU HÉRISSON 56

PARABOLE DU ZÈBRE 58

PARABOLE DE L'AMOUR ET DE LA MORT 60

PARABOLE DU PUITS VERT 62

PARABOLE DU DINDON QUI VEUT IMITER L'AIGLE 64

PARABOLE DU TREMPLIN 66

PARABOLE DE LA LAMPE 68

PARABOLE ET VÉRITÉ 70

Oui, je veux morebooks!

i want morebooks!

Buy your books fast and straightforward online - at one of world's fastest growing online book stores! Environmentally sound due to Print-on-Demand technologies.

Buy your books online at

www.get-morebooks.com

Achetez vos livres en ligne, vite et bien, sur l'une des librairies en ligne les plus performantes au monde!
En protégeant nos ressources et notre environnement grâce à l'impression à la demande.

La librairie en ligne pour acheter plus vite

www.morebooks.fr

VDM Verlagsservicegesellschaft mbH
Heinrich-Böcking-Str. 6-8   Telefon: +49 681 3720 174   info@vdm-vsg.de
D - 66121 Saarbrücken   Telefax: +49 681 3720 1749   www.vdm-vsg.de

www.ingramcontent.com/pod-product-compliance
Lightning Source LLC
Chambersburg PA
CBHW031203160426
43193CB00008B/484